幸せなお金持ちだけが知っている

お金に選ばれる人になる方法

前田隆行

青春出版社

はじめに

「年収も上がらないし、将来のお金も不安……でも、どうしたらいいのかわからない」

「収入が低いから、貯金なんてできない！」

「いろいろな情報が氾濫していて、何が本当なのか判断できない」

「銀行や証券会社の人に言われるまま、お金を預けていて大丈夫でしょうか」

「そもそも数字が苦手でお金の知識もない。このままでいいのだろうか」


私は、そんな現状に対して不安や疑問を抱いているお金の初心者向けに、資産運用やマネープランの基礎を解説するセミナーを開催しています。

そして、セミナーを聞いて関心を持たれた方には、個別の無料カウンセリングをおこない、優良な運用商品・生命保険・損害保険・国内外の不動産などの金融商品と、節税やマネープランのコンサルティングを組み合わせたオーダーメイドの提案をする「マネー・コンシェルジュ」として、さまざまなアドバイスをさせていただいています。紹介する金融商品やスキームは、特定の会社やグループにとらわれない、世界中から本当に私自身が優良と判断した金融商品だけです。

申し遅れましたが、株式会社マルの前田と申します。マルという社名は、さまざまな金融商品をマルごとアドバイスしますよ！　という覚悟をこめて命名しました。

セミナーに参加された方からは、「収入が低くて貯金なんかできない」という声をよく聞きます。でも、収入が低くても低いなりの貯金方法は必ずあります。

お金が貯まらないと嘆く人には、それなりの理由があります。

高収入でも、まったくお金が貯まらない人もいます。反対に、ふつうの収入でもしっかり貯金ができる人がいます。それも無理せず、ごく自然にお金を増やしていきます。そうした人は、お金と上手につき合う方法を身につけているのです。

ここに両者の違いがあります。この本には、私が考える上手にお金とつき合う方法を身につけるための心構え、考え方をいろいろ紹介しました。

「楽してボロ儲けしたい」「FXで一攫千金を狙いたい」という人は別の本を読ん

でください。私がこの本で紹介するのは、手っ取り早くお金持ちになる方法ではありません。お金というものの本質を理解し、自分の仕事としっかりと向き合いながら、お金を増やしていく考え方です。

少しむずかしいかもしれませんが、現在の世界経済についても解説しています。それは、お金と経済は切っても切れない関係にあるからです。

本文でも紹介しますが、いままでの経験から私は、成功して幸福なお金持ちになれる人とそうでない人の差が、どこにあるか確信しています。

それは、「幸せなお金持ちになれた」とまざまざとイメージでき、確信でき、かつ堂々と口に出して言えるかどうかです。言葉には偉大な力がひそんでいます。

あなたも「幸せなお金持ちになれた」と満面の笑みで言ってみてください。きっと、その瞬間からつき合う人の層が変わってくるはずです。

1人でも多くの人に、お金持ちになることで、お金を貯めることだけが目的ではない、幸せな人生を楽しめるようになっていただくことが私の願いです。

前田　隆行

このままでいいのだろうか？
残高
1,232-
ツウチョウ
給料が出たらすぐに飲み歩き…
もう一軒いこ!!
もう帰るわー
「貯めなきゃ」と思いつつ、日々のストレスにより、
散財。
ガミ
ガミ
ペコ
ペコ
ストレス
ストレス
買いだ
買いだ

結婚したいけど
貯金もないし…
まぁ彼女も
いないいんだけど…
この先不安だなぁ
どうすればいいんだろ
ん
「お金に
選ばれる人に
なる方法」？
前田さん？
え？ここは
その本の中
なの？
うそっ！
だったらこの先を
読んだらいいん
じゃないか！
お願いします！
前田さーん

目次

第2章 ゼロからはじめるお金の授業 047

第3章

より幸せなお金持ちに近づく「自分ブランド」の高め方

第4章

日本人が知らないお金の世界構造 127

第5章 お金がどんどん貯まる人の法則 165

終章

お金も人生もマルごと幸せを目指して―― 203

編集協力／友楽社
カバーデザイン&イラストレーション／浅妻健司
本文デザイン&図版作成／浦郷和美（Dr.マッドハウス）
マンガ／室木おすし

第1章

あなたは「お金が好きだ」と言えますか

第2章

第3章

第4章

第5章

「裕福協会」と「貧乏協会」、あなたはどちらに入りますか？

世の中には、十分なお金を手に入れて金銭的な満足感の高い人生を送っている人と、そうした人を嫉妬して文句ばかり言っている人がいます。私は、前者の人たちを「裕福協会」と呼び、後者の人たちを「貧乏協会」と呼ぶことがあります。「裕福協会」に入会した人は「裕福協会」の人たちと親しくしながら、ますます成功していきます。一方、「貧乏協会」に入会した人は「貧乏協会」の人どうしで、ますます愚痴や不平不満を言い合うようになります。

一度それぞれの協会に入ってしまうと、居心地がとてもいいため、もう一方の協会へ移動することはあまりしません。そして、両者の格差はどんどん拡がっていきます。決して縮まることはないのです。

私は、この本を手に取っていただいた方に「裕福協会」に入会してほしいと思います。そして、「豊かな人生の実現者」になってほしいのです。

大切なのは、お金は豊かな人生の実現に必要な手段のひとつにすぎないということです。手段はあくまで手段であり、目的ではありません。必要な分だけ、さっさと手にした人の勝ちなのです。

お金を目的にする人は、一生お金を追いかけ続けなければならず、決して幸せにはなれません。なぜなら、目的にするという状態そのものが、お金を追いかけていることを刷り込んでしまうからです。

実は、お金だけではなく、なんでもそうなのですが、「追う」という気持ちや意識が、「いまはそれがない」という状態を自分にインプットしてしまい、それを手に入れにくくしてしまうのです。

スポーツの世界には、イメージトレーニングというものがあります。これは、たとえばスポーツの大会で優勝したイメージや上手にできたイメージを持つことによって結果につなげるトレーニングです。

不思議なことに、最終の形がきっちりイメージできていれば、その結果にいたるまでに必要な物や情報や人があらわれて、結果につなげることができます。

細かい過程をイメージするのではなく、最終の形を明確にイメージするようにします。それができれば、それを達成するための〝流れ〟のようなものが発生し始めるので、その〝流れ〟にうまく乗ることがポイントです。気持ちや意識も大事ですが、〝流れ〟を感じる感性も同じように重要です。

少ない収入でも幸せに暮らしている人もいる

私は、人生を楽しむ「本当のお金持ち」になっていただきたいのです。

人が生きる目的とは、なんでしょうか。その答えが、進歩や向上だとすれば、つらい出来事や苦しい仕事こそが、人を成長させてくれるはずです。つまり、つらいことや苦しいことを楽しくこなす精神性こそが、幸せの条件になると考えられます。

人の嫌がる仕事をすることで、人から喜ばれて幸せを感じている人もいます。地味でつらい仕事をしてくれる人がいるからこそ、この世の中はまわっています。

私が仕事がらたくさんのお金持ちを知っていますが、少ない収入で生計を立てていても、毎日ニコニコ幸せに過ごすことができれば、疑心暗鬼で自分の死後の相続のことで悩み苦しんでいる億万長者より、よほど幸せです。

そもそも、現在の日本の相続税率は最高で50％で、今後はさらなる増税が予定されています。つまり、どんなに財産を築いても、死んだら半分は国に持っていかれる可能性があるわけです。

この税率から考えても、3代で財産はなくなるというのは事実です。中国のことわざに「魚を与えるのではなく、魚の釣り方を伝えよ」とありますが、これは後につながる世代には、お金を残すよりもお金の儲け方を伝えるほうがいいという意味です。

「儲ける」という文字は、「信者」と書きます。つまり、自分の信者（自分ブランドの構築）を増やすことは、お金を増やすことと同じ意味を持つのです。

まとめ

100万円の貯金で幸せな人もいれば、1億円の貯金があっても不安な人がいます

世の中の人は3つのグループに分けられる

書店に行くと数多くのマネー本が氾濫していますし、テレビのワイドショーなどでもマネー活用のテクニックが頻繁に紹介されています。しかし、ほとんどの内容は、マネー・コンシェルジュという仕事を通して私が感じている「お金のカラクリ」「世の中の構造」と、考え方が一致していません。

お金持ちの人は全員知っているし、気づいているとても大切な「カラクリ」なのに、なぜか教えている人もそれをわかっていないのです。

そこで、お金の流れから見たこの世の中の構造を説明していきます。

いまの日本の社会（世界を見ても同じです）は、大まかに分けて3パターンの人で成り立っています。もちろん細かく分けたらキリがないのですが、大きな構造としては、次の3パターンの人で成り立っていると考えてください。

○貯蓄がないか、あってもそこそこの「年収200万～800万円」グループ

まず、①は圧倒的多数を占める「年収500万円前後（200万円〜800万円）のグループ」です。貯蓄がないか、あっても数百万円程度でしょう。それも銀行の普通預金か郵便局に貯金をしているだけです。

最近社会問題になっている、急増する年収200万円から300万円くらいの層も、ここに含まれます。また「いえ、私は800万円くらい稼いでいる」と思った人も、このグループに入ると考えてください。

このグループの特徴は、毎日ほぼ決まった時間に満員電車に押し込まれたりしながら、会社というお屋敷で朝から晩まで働きます。与えられた仕事が終わるまでは決して帰ることは許されず、休憩時間まで決められていることが多いのです。たまにボスから罵声《ばせい》を浴びせられたりしながらも、反乱を起こすことなく、翌日もまた決められた時間どおりに、満員電車に乗ってお屋敷（会社）に向かいます。

住む家はありますが、ほぼ一生かけて借金を返しながらギリギリの生活をしています。がんばれば、なんとか1年に1回くらいは、ちょっとした贅沢《ぜいたく》な旅行やレジャーを楽しむことも可能です。

そもそも超一流とか本物の贅沢などは知らないので、最初からそうしたものに興味の持ちようもありません。そして、生活には困らない程度の収入があるので、この水準から抜け出そうとする人はほとんどいませんし、その意欲もありません。

収入はあるが、ストレスも多い「年収1000万〜3000万円」グループ

②のグループは、「年収1000万円から3000万円前後で、貯蓄は数千万円程度」というグループです。

この層は①の人のように、現在の水準から抜け出すつもりがないほど意欲は低くありませんが、①の人よりも仕事の密度が高く、ストレスも大きくなります。上から押しつけられたり、顧客との板ばさみになって、見かけほどその実態は幸せとは言えません。ストレスが多く、その発散のために支出も多くなり、収入と比較して貯蓄は低めのケースがよく見られます。

ある程度以上の大きな組織にいる場合は、組織のトップではないため、それなりの我慢も必要です。しかもピラミッドのかなり上位にいるので、社会的地位を誇示するためにも、明らかにブランド品とわかる高級スーツを身をつけたり、高

級車に乗っている人もいます。

いわゆる成金に見えるのも、この層に多いようです。プライドが高い人も多いと言えます。

いずれにせよ、このグループの人は見かけの華やかさとは裏腹に、精神的には疲れ果てているコンプレックスとプライドの融合体と言っていいでしょう。

◎モノの値段を気にせずに生きられる「年収5000万円以上」グループ

そして、最後の③は「年収5000万円以上で純金融資産1億円以上」のグループです。年収が1億円でも2億円でも10億円でも、同じグループとなります。

このグループと②のグループとの決定的な違いは、モノを購入する際に、いちいち値段を気にする必要がないということです。

1本10万円のワインもフェラーリも身近な存在であり、金銭的に人生を自分で自由にコントロールできる立場にあります。

ところが、このようなグループに所属している人にも悩みがあります。それは、収入が高いがゆえに税率も高くなるため、税金対策に頭を悩ませているのです。

ちなみに日本は、収入に課税される所得税も相続税も、世界的に見ると突出して高い水準にあります。所得税は国際比較してもそれほど高くないと言われますが、それは社会保険料を加味しない場合の話で、社会保険料を考慮すると北欧諸国の次に高い水準にあります。その割に日本は福祉が充実していないと思いませんか。

収入の高いこのグループの人もいかに税金を安く済ませられるか、どうやって次の世代に資産を引き継がせられるか常に悩んでいるのです。

☆

このように世の中は3つのグループから成り立っていますが、①のグループの視点から世の中の構造を眺めていても、見えない部分が多くあります。ところが、②や③の視点からでも見えない、「お金の本質」が存在するのです。

私がこれからこの本で紹介していくのは、その本質の部分です。

幸せなお金持ちの視点をもとう

世の中の３つの層

❶ 年収5000万円以上

- 純金融資産１億円以上
- 値段を気にせずに買える
- 金銭に関しては自分で自由に
  コントロールできる
- 悩みは税金対策

❷ 年収1000万円〜3000万円前後

- 貯蓄は数千万程度
- ❶より仕事の密度は高く、ストレスも大きい
- ストレス発散のために支出も多くなり、
  貯蓄額は低め
- 社会的地位を誇示するために高級スーツを
  着て、ベンツに乗っていたりする
- 外見は華やかでも、精神的には疲れている
  ことも多い

❸ 年収500万円前後 (200万円〜800万円)

- 貯金はあっても数百万円
- 毎日通勤電車で会社に通う
- 持ち家があっても定年までローンがある
- 生活には困らない程度の収入で、
  現状にそこそこ満足

圧倒的多数の人がこのグループ

お金が貯まらない人の悪い習慣

「お金を貯めることができない」と言う人がよくいますが、そのなかで私が最近、ちょっと気になっている人たちを紹介します。

実家住まい。月収15万円程度

たとえば、実家住まいの1人娘。学生時代の延長で暮らしていて、食住にかかる費用がほぼゼロなので、収入がパート程度の月15万円くらいでもやっていけます。無理せず、仕事もそこそこでいいと言います。

親が亡くなったり、自分が病気になったら、この人はどうするのでしょうか。住む家はあってもお金がありません。このままではいいはずがありません。しかし、先のことは考えず、現状のまま親に甘えている人をよく見かけます。

自分で築いた資産は、それなりの経験で築き上げた自分自身の基礎体力内の資産であるため、なかなか目減りしませんし、基礎体力があれば万が一資産を失ってもまた築きあげることができます。ところが、棚からぼた餅的に入ってきた資産は、自分の基礎体力を越えた資産のため、身につかないことが多いのです。

◎フリーター状態が続いている

もともとフリーターに近い状態でスタートしていて、いまだにその状態から脱却できていない人もいます。そこそこの優良企業にふつうに就職して仕事をしていたけれど、どうしても海外留学がしたくて離職。念願の留学はしたものの、その後、就職できずにいる人もいます。

あるいは、なかなか良い会社だったものの、ちょっとおもしろくないことがあって会社を辞め、派遣社員になった人もいます。そしていま、派遣切りにあいそうで困っているとのことでした。

いま、自分自身が不満に思っていることがあるとしたら、それは自分自身の過去のおこないの結果です。過去を変えるわけにはいきませんので、いまこの瞬間から現状を改革し、未来を変えていかなければなりません。

私は転職のバロメーターとして「いまの仕事を会社が満足する以上にこなせて

いるか」を基準にしています。そして、転職が自分自身の進歩や向上、あるいは社会への貢献度がより高くなるのかどうかをポイントに考えることもいいと思います。これらの基準を満たしていない転職は失敗に終わる可能性が高いと考えます。

◎収入もあるが出費も多いタイプ

仕事もできて収入も十分あるのに、何かにはまってお金を吸い取られている人もいます。最も一般的なケースとしては、趣味や嗜好品に必要以上にお金をつぎ込んでしまっているパターンです。収入に見合ったバランス内であれば良いのですが、ついつい予算をオーバーしてしまう…。もしくは、そもそもバランスが分からないという人です。このような人は、家計のバランスをまず知り、無理なく貯められる工夫が必要となります。

女性であれば、悪い男性などもそれにあたりますが、女性経営者でそこそこ儲けている人などが結構はまりやすいパターンです。ついつい貢いでしまったり、ホストクラブにはまってしまう人がいます。そこをなんとかコントロールする習慣を身につけるには、日常のストレスを軽減する考え方を身につけるしかありません。

収入が高い人は仕事のストレスも多くなるのでしょう。ストレス発散と称してパッと浪費してしまう人がいます。本能のおもむくままにお金を使ってしまうわけですから、このような人には本能を理性で抑えるというより、本能を刺激することなく支出をコントロールするほうがストレスにはならないわけです。

☆

お金が貯まらない人には、それなりの理由があります。お金を貯めるためには、まず自分の弱点は何かを把握することです。自分でそれができないのなら、友人やその道のプロに相談するのも手です。

本当に将来に向けて貯蓄をしたいのであれば、やはり努力は不可欠です。乗り越えるべきものを乗り越えなければ、あるべき姿に到達できません。

ただし、つらい努力ではなく、楽しい努力によって自分自身のハードルを乗り越えることができれば、それにまさる喜びはないかもしれません。将来への展望を描いて、プラスのベクトルを身につけてほしいと思います。

まとめ

なぜ貯まらないのか、考えてみたことがありますか？

貯金ができないのは収入のせいではありません

現在、収入が少なくて、お金を貯める余裕がない人が年々増えています。元手が少ない場合、お金を貯めるのに不利なのは確かです。

しかし、収入が少ないからといって、貯金できないわけではありません。１万円でも数千円でもいいので、毎月一定の金額を必ず貯めていく習慣をつけることです。

収入が低いので、貯金ができないとあきらめてはいけません。収入が低いなりにできることを考える必要があります。貯金ができなくても仕方がないとあきらめている人と、どんなに少なくても毎月５０００円は貯めている人では、年単位で比較すると、天と地ほどの差が出てきます。

まずは、貯金のベクトルをマイナスからプラスの方向に向けることが大事です。つまり、貯金をプラスにするベクトルを持っていれば、将来収入が増えたときには貯金にまわす割合を大きくすることができるのです。

いまの日本は不景気だとか、収入が上がらないとか言われながらも、意外に恵まれているものです。失業率が数十％を超えるような国と比較すれば、まだまだ恵まれています。しっかりチェックすれば、削れるところや無駄な支出が必ず見つかります。

そのためには、現在の支出をすべて洗い出して優先順位をつけ、優先順位の低い支出を削ることです。そこから手をつけて、支出を削る努力を始めてみましょう。

◎浪費癖の多くはストレスが原因です

年収が低いと嘆いている私のお客様がいました。その人は混み合う通勤電車が苦手で、小田急線の特急ロマンスカーで通勤しています。

確かに、誰にでも絶対に譲れない贅沢というのがあります。でも、収入が低いと嘆く前に、ロマンスカーをやめれば間違いなく支出が減ることに、気づいてはいてもやめられないのだと思います。

実は、多くの方の浪費癖は、ストレスに起因する場合がほとんどです。日常のストレスを軽減する考え方を持てば、必ず浪費癖を抑えることができます。

自分はそんな贅沢などしていない、切り詰めた生活をしていると言われる方も多いでしょう。しかし、貯金を殖やす方法は2つしかありません。「収入を増やす」か「支出を削る」かです。

どちらをどれだけ優先させるかは、ケースバイケースです。ご自身で心静かに分析してみるか、マネーの専門家に相談するのもいいでしょう。

ただし、楽しみがまったくないとストレスがたまってしまい、逆に浪費に走りかねないので、お楽しみにまわす預金も必要です。その際は「お楽しみ口座」を作って、そこに貯めておくといいでしょう。この「お楽しみ口座」については、第5章で紹介します。

まとめ

お金のベクトルをマイナスからプラスに向けてみよう

そもそも人は平等ではないのです

人は生まれつき平等ではありません。少し厳しい表現かもしれませんが、これは否定のしようがない事実です。でも、だからこそ個性が発揮されるのだと思います。

「人は生まれながらにして平等だ」という誤った地点から出発するよりは、「人は生まれながらにして平等ではない」という正しい認識から出発したほうが、お金持ちになれる可能性はぐんと高まります。

例えば、大富豪の子どもが将来お金持ちになる確率は、一般の家庭に生まれた子どもがお金持ちになる確率よりもずっと高いでしょう。運動神経抜群の両親から運動音痴の子どもが生まれたり、背の低い両親から背の高い子どもが生まれる確率は、一般的に低いと考えられるのと同じです。

この本を読まれる方は、「もっと私の両親がお金持ちだったら」「もっと私に学歴があったら」「もっと運がよかったら」などという不平不満を漏らしてはいけません。なぜなら、不平不満を漏らした時点で、そのようなイメージを自分自身にインプットしてしまうからです。

「もっとお金持ちだったら」というのは「貧乏」、「もっと運がよかったら」ということは「不運」だと、自分で自分にイメージを刷りこんでいるようなものです。

不平や不満という感情は脇に置いておいて、まずは事実を単なる事実として受け入れて、真正面から飲み込むのです。

もちろん、なかなかできることではありませんが、受け入れる勇気があれば、お金持ちになれる可能性は高くなるのです。過去を思いわずらうことにエネルギーを割くのではなく、いまこの瞬間を満足（不平不満の反対）しながら生きることで、将来を満足できる状態に変えていくイメージです。

○幸せになるために、シンプルだけどとても大切なこと

何かを成し遂げようと思ったら、つねに事実から出発する必要があります。現状を把握しなければ、解決策も探しようがありません。

なにごとにおいても目標を達成できない人の共通点は、実はこの能力が欠けて

いることにあります。事実から目を背けたり、見て見ぬふりをしたりすると、いつまで経っても現在の水準に甘んじるしかないのです。

この本質に気づくことができなければ、どんなに努力しようが、どんなに情熱を注ごうが、絶対に目標は達成できません。つまり、お金は貯まりません。

仮に無理を重ねて達成しても長続きはしませんし、幸せになれません。非常にシンプルですが、とても大切なポイントです。

私のような凡人でも、まずはいちばん根元的な「人は生まれながらにして平等ではない」という事実を受け入れることによって、多くのまわりの人から応援していただけましたし、なによりもそれらの人に感謝できるようになりました。

その気持ちによって「善のスパイラル」状態になり、すべてがよい方向に向かいます。お金持ちになるための基盤も、より強固なものになるのではないでしょうか。

まとめ

「もっと●●だったら…」という不平不満には今日でさよならすること

あなたの感情はお金にすべて伝わります

マネー・コンシェルジュとして、私が確信を持って言えることがひとつあります。それは、「お金には意志がある」ということです。意志があるということは、あなたの感情がすべてお金に伝わってしまうということです。

「お金なんて」「金がすべてじゃない」「お金よりも大切なものがある」という言葉は、どれもある意味で正しいのですが、あえて口に出して言ってはいけません。

あなたに鈴木さんという友人がいるとします。もしあなたが、「鈴木さんなんて」「鈴木さんがすべてじゃない」「鈴木さんよりも大切な人がいる」と言っていることを、鈴木さんが聞いたらどんな気持ちになるでしょうか。

お金も一緒です。

将来お金持ちになれる人は、「お金って大切よね」「お金が大好き」「お金がすべてじゃないと言い切るために、まずは自分がお金持ちになれた」と言います。

この「お金持ちになれた」と過去形で言うことがミソです。「お金持ちになりたい」と言うと、なりたい現在の状態（つまり、お金持ちになる前の状態）をイメージしてしまうわけです。これでは逆効果で、「なった」状態をインプットすることが大切です。

これは、おまじないでもなんでもありません。正真正銘、100%の事実です。あなたのまわりにお金持ちがいたら、「あなたはお金が好きですか」と、ぜひ質問してみてください。「好きだよ」と即答するはずです。グズグズ理屈を並べたてる人がいたら、本当のお金持ちではありません。

あるお金持ちの人は、お金が好きで好きでたまらず、1日1回は分厚い札束にほおずりしていました。お金の匂いがたまらないと、鼻にあてながらペラペラめくっている人もいました。

人は「好きだ」と言われたら、嫌な気持ちがしないものです。その人の力になってあげたいと思ったりするでしょう。でも、「嫌いだ」と言われたら、間違いなくあなたも嫌いになるはずです。これは、お金でもまったく同じなのです。

まとめ

「お金が好きだ」と堂々と言えますか？

お金の扱いが雑な人にお金持ちはいません

お金持ちが札束を持っている姿を見ると、まるで自分の子どものように、大切に慎重に扱います。逆にお金持ちでない人を観察すると、不思議なことに気づきます。お金を払うときにお札を放り投げたり、もらったおつりをクシャクシャにして、ポケットに入れたりする人を見ることがよくあります。

また、お尻のポケットに財布を突っ込んでいる人に、お金持ちはいませんでした。1円玉の扱いがぞんざいな人に、お金持ちは1人もいません。是非あなたも観察してみて下さい。

●お金にぞんざいな人は人間関係もぞんざい

お金の扱い方を見ると、その人の他人に対する接し方がとてもよくわかります。お金の扱いがていねいな人は、他人に接する態度も同様にていねいですし、礼儀正しいことが多いのです。逆に、支払いの際にお札を放り投げたり財布をお尻のポケットに突っ込んでいるような人は、他人に対しても無礼な人が多いのです。

部下に対して人とも思っていないような扱いをしたり、人望のない人は、そうした態度が結局、さらにお金を遠ざけていることに気づく必要があります。

お金持ちになるということは、ただ単に紙切れが集まってくることとは根本的に違います。お金には、いままでそれを手にした人の汗や涙が詰まっています。あなたが手にしたお札は、おそらく造幣局から出発して何百人、何千人、何万人の人がふれてきたものです。まさにリレーのような状態で、それが永遠に続いていきます。

そのリレーのランナーの1人があなたであり、あなたも次の人にしっかりバトンを渡さなければなりません。バトンを持ったままずっと握りしめていると、これまたお金に嫌われてしまいます。

◎お金には人間の怨念もこもっている

そこで、バトンの渡し方が重要になります。

実は、お金を使うときに喜びの感情を持って使う人は稀で、ほとんどの人は〝惜しい〞とか〝高いなあ〞という不満の感情を持ってしまいます。そこを、「これでまた幸せになれる」という喜びと満足感一杯の気持ちでお金を使うことができれば、あなたの次のランナーも気持ちよくバトンを受け取ることができます。

お金は、大切にていねいに敬意を払って接しながら、リレーのバトンのようにしっかりと、次の人に流通させる必要があるのです。

なかにはお金を手放す（支払う）ときに怨念のようなものをこめてしまう人もいます。お金にはそのような怨念も積もっていると考えていいでしょう。

今日から「お金が好きだ」とハッキリと言えるようになり、お金に好かれて、どんどんお金持ちになって、次の人にお金を渡していってください。

このような行動を続けることで自分自身の意識が変わっていき、お金に対する意識も変わっていくのです。すると、ますますお金に好かれて、ますますお金持ちになります。「善のスパイラル」とは、この状態をさしています。

まとめ　お金に好かれると、ますますお金持ちになっていきます

額面よりお金の中身を見る眼を持ちなさい

世の中には「楽してお金持ちになろう」と煽《あお》る書籍などが氾濫しています。働かずに利益を得る権利収入や不労所得、苦労せずに億万長者になる方法など、お金の「額面」を重視した謳《うた》い文句が躍っています。

実際、労働しないで所得を得ている人もいますが、そのような人は精神や頭を使っており、決して楽をしているわけではありません。気をつかう、ストレスを抱える、情報収集に腐心している……一見、ラクしているように見える人は実はラクじゃないのです。それでもラクしてお金持ちを目指しますか。

私が見てきた資産家と呼ばれる方のほとんどは神経もかなり使っています。判断の誤りひとつで多額の資産を失ってしまうリスクがあるのですから、当然と言えば当然です。「早くお金持ちになりたい」という焦《あせ》った気持ちだと、良い情報が集まってきませんし、判断も間違えがちなので、お金を失いがちなのです。

バブルのときなどは預金や株価、不動産価格などの額面にとらわれても、短期的には利益を取れるかもしれません。右肩上がりが続いていれば、金利が高く、額面上のリターンが高いものを中心に資産運用すれば、倍々で増えることも十分に期待できました。

しかし、方向転換せずにそのまま走って深みにはまっていけば、大負債を抱えることになりかねません。実際、バブル崩壊のときに多くの個人や企業が、それで沈んでいきました。正確に波をとらえることは、一流のプロでもなかなかできません。つまり、バブルの波には乗らないのが得策ということです。

バブルの波に乗る方法は決して賢い方法ではありません。ましてや各国の中央銀行がマネーを印刷しまくっていることによって、紙幣や株価等の額面の信頼性が崩れかけているいま現在、それにこだわるのは愚の骨頂です。

金融資産の額面ではなく中身にこだわることが大事な時期ですから、楽してお金儲けをする風潮に乗るのではなく、金融資産の本質を見抜くことが必要な時期だと私は実感しています。

まとめ

「楽してお金持ちになれる」方法などありません

収入アップのために自分の価値を上げるということ

人は、なぜお金持ちになりたいのでしょうか。欲しいものが買えたり、旅行に行ける、おいしいものが食べられる……でも、そんなことは少々のお金があれば実現可能です。

いま、あなたがしている仕事は、世界中であなたにしかできないはずです。自分にしかできないことに価値観を見い出せなければ、自分自身に付加価値がつきません。自分自身の価値が高まってこそ、自分の市場価値が高まり、将来の収入が伸びると言えます。

現在は過去の集積です。未来も同じく現在の日々の集積です。だからこそ、いまの自分、いまの仕事に誇りを持って、とことん突き詰めていくことこそが明るい未来への指定券となりうるのです。

この点をおざなりにして、安易に金融資産の額面を求めるような風潮よりも、いまの自分の仕事に幸せな気持ちで向かうことが、実はこれからの収入アップや資産運用の世界で成功するいちばんの近道ではないかと、私は考えます。

お金は仕事をすることに対する対価です。楽しく幸せ感を持って仕事をする人と、嫌々やっている人では大きな差がつきます。

幸せに仕事をしていれば、まわりの評価も高くなり、それが自分ブランドになります。その結果、金融ショックが起きても、築き上げた信用とともに生き残ることができるからです。

仕事に対する考え方、発想を変えることによって、お金がついてくると知ってほしい。「俺の仕事なんて、つまんない仕事だよ」では、なにも始まりません。

つまらない仕事なんてないと理解することからお金と縁の人生が始まる。それができなければ、一生お金との縁はできないのです。

まとめ

幸せに仕事をすることが、収入アップの第一歩

第1章

ゼロからはじめるお金の授業

第2章

第3章

第4章

第5章

貯まらないお金アタマ「お金の話は下品だと思っている」

アメリカに滞在していたときに実感したのは、日本人はお金に関する話がタブーになっていることです。これは日本独特のものです。

アメリカでは小学校でも投資の授業がありますし、家庭でもお金に関していろいろ教えられており、しっかりとお金に対する免疫ができています。

私は、日本人は勤勉で細やかな気づかいができるので、製造業にはとても向いていると思います。そのためか、頭（情報や知識）を使って稼ぐ不労所得を敬遠する傾向があります。しかし、労働収入だけに頼っていると、事故や病気で働けなくなった場合には収入が途絶えてしまうリスクがあります。

そこで、労働収入以外に不労所得（実際には頭や神経を使うのですが）を持つことによって、不意の事故や病気に備えることが大切になってきます。ところが、そうした不労所得（金融資産から生まれる所得）を築き上げるための正しい情報が、日本にはほとんどないと言っても過言ではないでしょう。

おそらくこれは、お金に対するコンプレックスに由来するのではないでしょうか。「お金の話をするなんて下品だ」という教えが小さい頃から刷り込まれており、お金を稼ぐことに後ろめたさを感じるのかもしれません。

正々堂々と実力でお金を稼いでいる人には、後ろめたさもコンプレックスもないので、お金を有効に活用し、お金と上手につき合うことができます。アメリカのお金持ちを見ると、それがよくわかります。

お金の使い方を知らない日本人

もうひとつ日本にほとんどない情報は、お金の使い方に関する知識です。海外では富裕層が寄付行為をするのは一般的で、ある程度著名なお金持ちであれば、どのような寄付行為をおこなっているのか、社会が注目しています。

日本には、どのようにお金持ちになるかというハウツー本はあっても、どのようにお金を使うべきかという情報が少ないのが現状です。〝生き金〟と〝死に金〟という言葉がありますが、私にはお金との正しいつき合い方を教え、正しい哲学を持って正しく行動するための授業が義務教育にないことが不思議でなりません。

なぜなら、多くの人たちがお金で苦しんだり、不幸になっているからです。世の中の事件や犯罪の半数以上は、その根底にお金がからんでいると言えます。これだけ経済的にも豊かな国である日本で、お金に対する正しい頭脳を鍛えていたら、多くの事件が未然に防げたかもしれませんし、犯罪の件数も減ることでしょう。

お金を否定するのではなくて、正々堂々と肯定する。お金に支配されず、自分が主導権を握って、お金をコントロールするのが本当のお金持ちです。

また、お金の教育を受けるチャンスがなかったために、ちょっと考えれば詐欺だとわかるような儲け話にだまされたり、あとで後悔するような金融商品に手を出してしまいがちなのです。

後悔先に立たずです。いまこそ、お金の勉強をしてみましょう。

まとめ

あなたはお金の教育を受けてこなかっただけ。これからでも間に合います

100万円の借金が1年後には3000万円を超える!?

最初に、お金の特性を理解していただくのに最適な、極端な例を紹介します。

「トイチ」という言葉を聞いたことはありますか。トイチとは、10日で1割の利子がつくという借金のしくみです。

トイチで100万円を借りる場合、業者は最初に次のように言います。

「10万円だけ返してもらえばいいんですよ」

実は、この10万円が利子です。

いますぐ100万円がほしい、ないと困るという人は、目の前に100万円を積まれて「10日後に10万円だけ入れて（返して）もらえばいい」と言われると、目の前のお金しか目に入らず、簡単に返済できるような気になります。

ところが、10日後に10万円支払っても、元本の100万円はそのままなのです。

「そんな話にだまされる人がいるの？」と笑うかもしれませんが、そういう人がいちばん危険です。全国で毎日、似たような話の被害者が出ています。

お金を借りたい人は、利子だけに目がいって冷静な判断力がなくなっています。悪徳業者はそうした人の心理をしっかりと勉強しています。

もし「10日後の借金の総額は110万円ですよ」と言われたら、被害者は激減するでしょう。いま100万円に困っている人が、10日後に110万円返せるわけがないからです。でも、貸す側は真実を教えるような言い方などしません。

このトイチは、もちろん違法行為で犯罪です。この犯罪のいちばん恐ろしいところは、貸す側が借りる側に返済の大変さを感じさせない、焦《あせ》らせないことに対してエネルギーを注いでいる点です。

ニッコリ笑って、「いいですよ。また10日後に10%だけ返してくれればいいですから」と言われると、妙に安心してしまいます。

◎複利だとお金はどんどん膨らんでいく

悪徳業者は10日ごとにあらわれますが、とても親切な対応で「いつまでも待ちます」と言って帰って行きます。これは、利子計算を止めますと、親切で言っているのではありません。利子は毎日、着実に増えていきます。

「いつまでも待ちますよ」と言われると、人は絶対に先延ばしにします。そのうちに1カ月が過ぎ、3カ月が過ぎ、半年があっという間に経ってしまいます。

ここから、トイチの本当の恐ろしさが正体をあらわします。

さて、1年後、ずるずると先延ばしにした100万円の借金は、10日ごとに10%の利息がつくと、いくらに成長したでしょうか。

答えは、3203万円になります。

これは、複利計算の基本的な考え方ですが、自己破産してしまう人の頭の中には、残念ながらこの複利という発想がありません。

業者は最初に貸した100万円のことなど、端《はな》から眼中にないのです。複利で増えていく利子で儲けるのです。

トイチは違法行為なので警察に訴えればいいのですが、恐怖におびえてそのまま泣き寝入りしてしまう人がいるため、なかなかなくなりません。

そして、利子が膨らんでくると、貸した側は積極的に取り立てにやって来ます。いくらがんばって返しても、10日ごとに借金はどんどん膨らんでいきます。

「私は大丈夫」と思っている人が、実はいちばん危険です。もし知人やまわりに借金をしている人がいたら、つねに利子と元本をあわせて考えるようにアドバイスしてあげてください。もっと詳しく言うと、自分の返済可能な金額を利子が越えてしまうと、永遠に借金が減らないということです。

その反面、複利で運用するとお金はどんどん膨らんでいきます。かのアインシュタインも「人類最大の発見は複利である」と言っているくらいです。この毒にも薬にもなる〝複利＝福利〟という魔法を、ぜひともプラスの方向に使いましょう。

ちなみに、銀行の利子は単利です。長期間で運用する場合、複利で運用できる金融商品を選ぶことはきわめて有利に働きます。

まとめ 複利は「福利」です。マイナスではなくプラスに働かせましょう

銀行や郵便局に預けたお金は30年後にどうなる？

投資の具体例をわかりやすく説明していきます。

あなたがいま、１００万円を何かに投資しようと考えたとします。その１００万円を「都市銀行」「定期郵便貯金」「優良なファンド」で運用した場合、５年後、10年後、30年後にはいくらになっているか見てみましょう。

〈某都市銀行大口定期預金・金利０・０３％〉（２０１２年11月１日現在）

５年後１００万１５００円
10年後１００万３０００円
30年後１００万９０００円

〈ゆうちょ銀行定額貯金・金利０・０３５％〉（２０１２年11月１日現在）

５年後１００万１７５０円
10年後１００万３５００円

30年後101万500円

〈優良なファンド・運用利回り5%〉

5年後127万6282円

10年後162万8895円

30年後432万1942円

2012年現在の現実的な金利を使って、シンプルな比較をしてみましたが、感想はいかがでしょうか。

日本人の大半は銀行か郵便局にお金を預けています。その理由は「なんとなく安心」「国が潰れないかぎり大丈夫」といったところでしょう。

しかし、アルゼンチンのように国が潰れたケースもありますし、最近ではギリシャの例もあります。日本でも明治維新や太平洋戦争後には、紙幣が紙くず同然となりました。いつ何が起こるかは、誰にもわかりません。

絶対安全なものなどありませんし、絶対儲かる話もありません。それを承知のうえで言わせていただくと、日本人がいかに何も考えずに、タダ同然の利子しかつかない銀行や郵便局に預けているか、おわかりでしょう。

現状、ゼロ金利政策をとっている国は、経済先進国では日本とアメリカくらいしかありません。国や銀行にとっては実に都合のいい国民と言えるかもしれません。

なぜなら、国や銀行は低い金利しか払う必要がないからです。ちょっと難しい表現をすると1400兆円とも言われる日本人の資産（預貯金）を担保に日本政府は低い利率で国債を発行し、そのお金で為替介入やODA等の名目で諸外国に貢いでいるとも言えます。

お金を上手に増やすには、銀行や郵便局に預けているだけでは不可能で、またそれは、日本政府の信用力に一存した一極集中の運用方法であるという事実が、これでご理解いただけるのではないでしょうか。

まとめ **あなたのお金も「国」次第でいかようにも変わってしまいます**

そもそも預貯金と優良なファンドの違いとは？

ファンドというのは、投資のプロフェッショナルである専門家もしくは運用の理論をプログラミングしたコンピューターが、つねに市場をチェックしたり、実際に企業のトップにインタビューしたりして情報を収集しています。生の情報や過去の金融市場の詳細な分析結果をかき集めた結果に基づいて株式や債券、その他あらゆる金融資産に「分散投資」して、「長期的・継続的」に運用収益を出していくものです。

投資信託と呼ばれるものもファンドの一種です。

日本の場合、投資信託は通常1万円から購入することができますが、数百万円以上の金額でないと購入できない特別なものもあります。

投資ですから当然、短期的には先ほどの例に出した5％を下回ることもありますが、欧米ではきわめて身近な資産運用の手段として活用されています。

世界的に見たら、日本のように国民の大半が銀行や郵便局に資産を預けるほうが、信じがたい行為だと言えます。なぜなら、日本円の預貯金だけを持つということは、日本政府の信用力に一極集中している投資をあらわしているからです。

毎月の3万円が30年後にどうなる？（優良なファンドで運用）

実際、これ以上の利回りのファンドはよくあるのですが、毎月3万円ずつ「利回り5％」のファンドで運用した場合を計算してみましょう。

5年後には208万8700円、10年後には475万4400円、30年後には2511万3900円になります。つまり、毎月3万円の投資で30年後には、2500万円を超える資産を持てることになります。現在の銀行の金利だと、せいぜい1100万円ちょっとといったところでしょう。

無知は悪である

人によっては、ボーナス月には普段よりも多めに投資する、毎月3万円といわず、毎月5万円、10万円と増やし、徐々に知識を蓄えながら信頼できる専門家から知恵を引き出すことによって、億単位の金額も視野に入ってきます（ちなみに毎月10万円を年8％で運用できた場合、30年後には約1億5000万円になります）。

定期預金や郵便貯金に慣れきった人には、「5％」や「8％」の運用というのは、実現不可能な利回りのように感じられるかもしれません。

しかし、世界的に見たらハイリスク・ハイリターンとはほど遠い、むしろ安全指向の部類に入る金融商品であり、欧米では「30％」や「40％」といったハイリスク・ハイリターンの商品も存在します。逆に、金利が「0・03％」や「0・035％」という運用のほうが、欧米ではナンセンスと不思議がられます。

利回りの比較だけではなく、金融や経済情勢を観察し、どのような資産が今後もっとも安全、かつ利回りが期待できるのかを判断し、有望で優良な商品に分散投資することが大切なポイントとなります。

まとめ

世界的にも、日本人は投資や資産運用に対して無頓着

「利息」と「分配金」はまったくの別モノです！

証券会社などと比べて銀行が有利なのは、顧客の定期預金の満期の時期を知っていることです。満期の時期が近づくタイミングでセールス活動ができますから、満期の時期の直前に投資信託への乗り換えをすすめられることもあります。

このとき、銀行員から投資信託の「分配金」に関して十分な説明がなされないケースが見られます。きわめて重要なポイントなのに説明が不十分なのです。

投資信託の分配金と銀行の利息はその性質がまったく異なります。利息は元本にプラスして確実にもらえるお金ですが、投資信託の分配金はあくまでも「取り崩すお金」であり、もらえるお金ではありません。

定期預金が満期を迎えたときに投資信託をすすめられ、「年に6％くらい分配金が出るらしい。預金金利よりよっぽどいい」と飛びつく……というケースがしばしば見られます。そして、分配金をそれなりにもらって喜んでいます。

有名な「グローバルソブリン（グロソブ）」という商品は年々基準価格が下がっ

ていて、分配金でもらっている程度の金額では、元本の目減りが穴埋めできないというのが現状です。ところが、基準価格の報告を受けても理解できない人は年6％の分配金のほうに関心が向くわけです。利息と分配金の見分けがついていません。

投資信託でも、100万円のものが105万円に価値が増えていて、価値の上がった5万円の中から3万円を分配するのであれば健全です。ところが、100万円が1年で98万円になった場合でも、分配金が3万円と謳ってあるため、3万円を支払わなければなりません。残りは95万円、全体としては目減りしています。分配金が届くとなんとなく儲かっているような気になりますが、実際には価値が下がり、実質的な目減りが生じているのです。解約すれば目減りした分しか返還されません。全体で見れば損をしていることも少なくないのです。

○値下がりしたまま塩漬けにしているとコワい

分配金問題の原因は、銀行が投資信託を売るときにきめ細かな説明をして、顧客もそれを十分に理解しているかどうかという点にあります。売る側は肝《きも》の部分にふれないように話をし、顧客も大事な点を聞き逃している……私も何人もの顧客から聞いたことがありますが、銀行員の中には、元本の１００万円はあたかも減らないような微妙な表現を使っているケースもあります。

投資信託にはオープンエンドと呼ばれる満期のない商品が多く、いつまでも運用が続きます。このまま何十年か経てば元本がゼロに近づいていくことがわかっていても、ずっと続いていきます。

怖いのは、値下がりしたまま塩漬けしていると「損切り」ができなくなる点です。これは、Ｆ１レースで前半負けていて、後半は速い車に乗り換えられたのに、後半は速く走るようになるかもしれないと同じ車で走ってしまうようなものです。いつか損を取り戻すことができると考えて、ついそのままにしてしまうのです。

このような人は、損失を確定してしまうのが怖いという心理状態になっています。ここでも現実を直視するという勇気が必要となってきます。

まとめ 毎月届く分配金も、儲かっているわけではありません

利息と分配金の違い

預貯金の
利息
＝
元本にプラスして
確実にもらえるお金

投資信託の
分配金
＝
あくまでも「取り崩すお金」。
元本にプラスしてもらえる
お金ではない

毎年の分配金が3万円の
100万円の投資信託を買った場合…

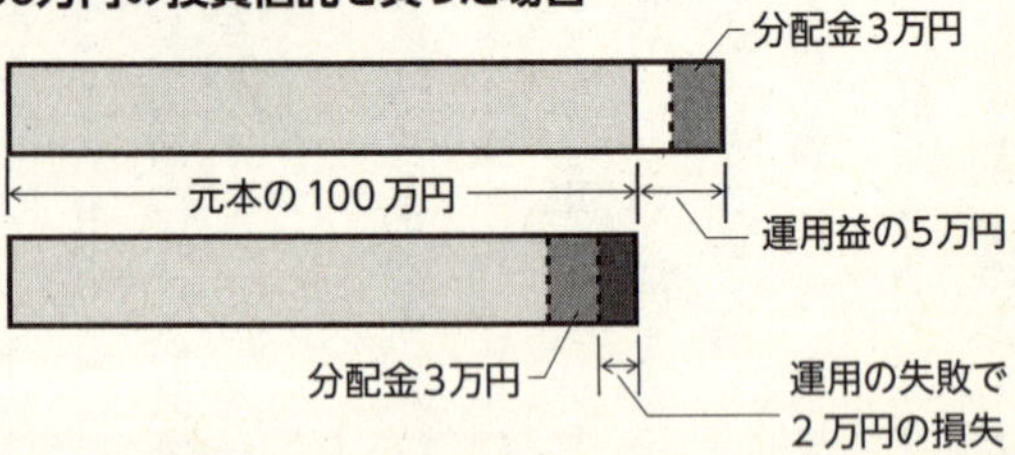

- 100万円が運用の成功で105万円にアップ
  ➡ 5万円の運用益から3万円の分配なので健全
- 100万円が運用の失敗で98万円に下落
  ➡ 下落しても3万円の分配金を支払うため、全体は95万円に目減りする

分配金を受け取ると儲かっているような気になるが注意が必要！

コラム

投資について

世の中には、１年で数倍になると謳うような投資商品がよくあります。

我々から見ればあやしいとわかるのですが、一般の方には見わけがつかなかったりします。

高名な投資家ウォーレン・バフェットの成績を見ると、１年間で 20 数％。つまり、毎年２割くらい増やせる人というのは超人的な部類に入るのです。

そんな超人的な数字をあげている人でも年 20 数％なのですから、見極める基準として、「それ以上の数字を謳っている運用話は、まず詐欺」だと思ったほうがいいでしょう。

また、一流大学の研究ラボ等で、数十億円以上もの開発費用をかけて開発された運用プログラムでも、年 10 数％くらいの利回りです。

もちろん、短期的に高利回りというのもありえますが、長期的に 20％以上のリターンをあげることはそこそこのレベルのプロや運用プログラムにはまず無理だと思います。ふつうの人には見極めのできない価値をきちんと見極められるプロのアドバイスが必要なので、素人がむやみに手を出すのは危険と考えましょう。

金融のプロが必ずしも運用のプロではない

金融のプロと言われる人でまともな人は、気になる商品があれば自分でも試してみるものです。私の会社がセミナーの講師をお願いしている方も、新しい海外ファンドの説明をする場合には、まずは自分で試しています。そして、自分で実感してから顧客にすすめるのです。当然そのほうが説得力がありますが、実際にそれができる人は予想以上に少ないのが現実です。

新聞や雑誌の特集でよくありますが、日本では、FP（ファイナンシャルプランナー）の資格を持っている人に、「あなたはこれまでどんな運用方法をしてきましたか」と聞くと、圧倒的に多くの方から定期預金や国債の購入などが答えとしてあがります。

すすめる理由も運用の素人っぽくて、運用の修羅場をくぐり抜けてきた人の意見とは、とても思えません。

FPという資格＝お金のプロという勘違い

金融業界にはＦＰの資格を持っている人が、実に多くいます。銀行や証券会社、保険会社などに勤める人の大半は、ＦＰの資格を持っていると考えていいでしょう。

ＦＰになるためのテキストでは、不動産には固定資産税がかかる、保険にはこれだけの種類があるとか、税法や法律も含めて一般的な金融商品の知識を幅広く勉強できるようになっています。

確かに、基本知識を身につけるには最適の資格だと思いますが、運用する能力とはあくまでも無関係。これからどの会社が伸びて、どんな業種に将来性があるか、どこに投資すれば有利かなどを感知する能力とはなんの関連性もありません。「大手の○○銀行のＦＰの有資格者である□□さんです」と紹介されると、思わずプロだと思ってしまいます。ＦＰという名称がお金に関係していると連想させるので、知らない人はつい信用してしまいます。ところが、実情は全然違います。

しかも銀行は特定の顧客と親密になりすぎるのを防ぐため、数年で部署を交代しなければなりません。転勤や部署異動が頻繁にあり、顧客との良い意味での関係を築くことができません。それは悪いことを防止する手段ではありますが、顧客の側としては理不尽とも思える制度です。

顧客としては、長期間アドバイスしてもらうことで利便性も増してくるわけですから、良い人にあたった場合は、ずっとお世話になりたいと思うのが人情でしょう。しかし、銀行の実情はそうなってはいないのです。

私のセミナーでは、「投資信託にも格付けがある」という話をするのですが、セミナー参加者が、銀行の窓口に行って、「この投資信託の格付けはいくつですか」と聞いたところ、銀行員から「格付けってなんですか？」と逆に聞かれたという笑えない話もあります。窓口の担当者は、その程度のレベルだと思っていたほうがいいでしょう。

○運用のプロ中のプロは、一度は地獄を見ている

欧米に比べて日本では、金融機関が力を持ちすぎています。政治献金などにより、自分たちに都合がいいように官僚などを利用して、いわゆる護送船団方式を

つくりあげてきたのです。いろいろな分野で「自由化」が叫ばれていますが、金融の世界はいまでもこのシステムが保たれています。

そのため、ほかの国にあるような、まずまず優良と評価できるファンドが日本にはほとんど存在しません。あまりに金融機関が力を持ちすぎていて、その金融機関が属している企業グループや、協力関係にある金融機関が販売している商品のみを売りたいという本音があるからです。

私には証券会社の営業マンの友人も多くいますが、営業活動に励んでいると、勉強する時間はそれだけ少なくなります。営業の仕事の本質は商品を売ることにあります。つまり、商品を売る能力とお金の運用能力は別物です。

銀行もまったく同じです。担当の銀行員がたまたま運用能力を磨ける機会を持っていた人や、みずからそうした環境に身を投じて磨き続けていた人にアドバイスを受けることになれば、とてもラッキーでしょう。

しかし、ふつうの銀行員は本社がすすめる商品を売ることが仕事であり、運用が仕事ではありません。いくら大手銀行の看板を掲げていても、結局はその人個人のスキルや能力の問題ですから、それを見抜く力が必要になります。

世界を見渡すと、運用で成功しているプロ中のプロはほぼ全員、一度は地獄を見ています。運用でわが身をすり減らしてきています。日本ではそうした経験を積んだ金融マンはほとんどいません。世界一の投資家と言われる、かのウォーレン・バフェット氏も運用を始めた初期の頃には一度、すっからかんになったそうです。

私の顧客に、サラリーマンなのに数十億円もの資産を保有している人がいます。その人は株で一度すってんてんになったそうです。初めは数千万円くらいまで増えたけど、いきなりすべてを失い、それが悔しくて猛勉強したと言います。体で覚えるまでお金の知識を鍛え上げて、そこからふたたび資産を築き上げたのです。すべては経験がものをいう世界なのです。

金融のプロが、すなわち運用のプロではないとしたら、どこで判断したらいいのでしょうか。金融機関の看板でもなく、資格でもない。その人のバックグラウンド、過去の運用実績を聞いてみることがいちばんなのです。

まとめ

資格ではなく、実績でプロを判断する

コラム

経済アナリストの給料はどこから出ている？

株や投資信託の動向を予測する経済アナリストと称する人たちがいます。彼らは世界情勢に精通していて、経済に関するプロ中のプロだと常識的には思われているでしょう。鋭い分析力で一般の人が絶対に知ることができないような極秘情報を教えてくれるという感じでしょうか。

しかし、この常識的な見方に対して、次のような疑問が出てきませんか。

「経済アナリストの給料はどこから出ているのか？」

簡単です。その経済アナリストの肩書きを見てください。多くの経済アナリストが「○○総研」という組織に所属しています。

「○○総研」とは、一般に○○銀行や○○証券の子会社のような存在で、自分たちの親会社の気分を害するようなことは間違っても言えません。アナリストというと偉そうですが、その本質はサラリーマンなのです。

そうした事実を踏まえたうえでテレビを見たり、雑誌を読むのは、ある意味で勉強にもなり、参考にできる部分もありますが、そっくりそのまま鵜呑みにするのは危険だということです。

詐欺に遭いやすい人にはパターンがある

お金に関するリスクマネジメントでいちばん大切なのは、だまされないことです。詐欺に遭うと、これまでの努力が水の泡になり、絶望的な喪失感にとらわれてしまいます。実際、詐欺に遭って人生を棒に振ってしまった人を何人も知っています。

もしあなたが倹約を続けて汗水たらし、やっとの思いで1000万円貯めたとしても、詐欺師にかかれば一瞬ですべてを奪われてしまいます。人生経験として挽回できるレベルならば、一度くらいだまされてみるのも、本当はいい勉強になるのですが、できればそんな目には遭いたくないに決まっています。

お金は稼ぐ勉強だけではなくて、守る勉強もしなければいけないのです。

○詐欺に遭いやすい人はどんな人でしょうか。

実は、詐欺師の素質を持っている人が詐欺に遭いやすいのです。

それでは、詐欺師の素質とはなんだと思いますか。おもに3つあります。

ひとつめの素質は、「孤独である」ことです。

詐欺にいちばん引っかかる職業を知っていますか。なんとヤクザの親分や経営者なのです。組織のトップは孤独です。遠慮して誰も忠告してくれません。山と同じで、組織の頂上とは周囲に何もない孤独な状態なのです。上場企業の社長クラスでも詐欺に簡単に引っかかるのは、周囲から孤立しているからです。

誰も意見してくれる人がいないのは危険です。あなたは大丈夫でしょうか。

2つめの素質は、「普段から自分が詐欺をしている」ことです。

普段、詐欺をしている人ほど、実はだまされやすいのです。詐欺師として一生成功を通した人は1人もいません。どんなに大金を手にしたように見えても、詐欺師の末路は結局、同業の詐欺師にだまされて財産をすべて奪われます。

一流の詐欺師は、同業者のリストを必死でかき集めます。詐欺師のカモはなんと詐欺師だったのです。被害者からの訴えで詐欺師が逮捕されても、すでにお金はなくなっています。なぜなら、その詐欺師をだました詐欺師がいるからです。

3つめの素質は、「早くお金持ちになりたい」と気持ちが強く、焦っている欲深

い人です。詐欺師の話にはうまい話が多く、そのほとんどが高い利回りを謳って
います。すると、早くお金持ちになりたいと焦っている人は、その手の話に引っ
かかりやすいのです。欲望が判断を曇らせます。

詐欺師というのは、ある意味ハイレベルなお金の知識がなければうまくいきま
せん。詐欺師とお金持ちには、その知識が良い方向に使われているか、悪い方向
に使われているかの違いしかないのです。

泥棒も同業者である泥棒から盗んだほうが簡単だと言います。なぜなら、詐欺
師も泥棒もだまされたり盗まれたりしても、警察に訴えることができないからで
す。

このように、孤独や欲深かったり、普段から詐欺をしている人というのは、結
局自分が詐欺に遭うことでバランスが取れていることになります。

まとめ 稼ぐだけでなく「守る勉強」も必要です

高利回りに目がくらんだある悲劇

資産運用する際に、もっとも注意すべき点は「額面の高金利」にだまされないことです。

私の知人に、出資者からお金を集めるオーナー制度で有名なある金融商品に6000万円も投資していた人がいました。ところが、そこが破綻し、その人が持っていた8000万円の資産のうち、6000万円が紙くずになってしまいました。

投資した理由は、年利が7~8%という高利回りに目がくらんだからでした。この年利を見たことで、頭の中で妄想に近い金利計算をして、手にできるはずもない利益にすっかり溺れてしまったのです。

「早くお金持ちになりたい」「早く老後の資金を貯めておきたい」という焦りと欲望があと押しし、また、解約手数料を惜しんだこともあり冷静な判断できなくなってしまったのでしょう。

投資においては、見かけのリターンに惑わされないことがなにより大事です。

投資の神様と称される、かのウォーレン・バフェット氏でさえ毎年の平均の成績は年利20％くらいのリターンですから、それを常時超えるようなものは、まず怪しいという判断基準を持ったほうがいいでしょう。

そして繰り返しになりますが、一極集中はやめることです。いくら優良な投資対象であっても、ひとつのものに大金をつぎ込むことはせずに、バランスを大切にすることです。

また、早く結果を出したいという焦りにも要注意です。焦りはハイリスク・ハイリターンへとあなたを誘います。焦りの背後にある欲望を上手にコントロールするのはなかなかむずかしいのですが、とても重要なことです。

◎人は自分のことを客観的には見られない

第5章で紹介しますが、アグレッシブな性格の人ほど高利回りのワナにはまる確率が高くなります。自分がアグレッシブな性格だと思う人は、自分で運用しようと思わないことです。中立的な立場でアドバイスしてくれるプロに相談したほうがいいでしょう。

反対に保守的な性格の人は、預貯金のみに片寄る傾向があります。言い換えれば、収益を得る機会を失うリスクを持っています。せっかくお金を殖やす情報を得ても、活用のできないというリスクです。

また、第4章で紹介しますが、貨幣価値に大きな変動が起きそうな時期には、預貯金に偏っている人は国の一存で大きな損失をこうむる危険性があります。

誰でもそうですが、自分のことになると客観的になれず、正しい判断ができなかったり間違うことが少なくありません。しかし、他人のことは割合に冷静に観察したり判断できます。それは自分へのプレッシャーがないからです。

運用の世界でも同じです。プレッシャーや欲望が判断の邪魔をします。判断を第三者に託したほうが、冷静に選んで投資プランを組んでもらえるので、上手にプロを活用したほうが結局は賢い選択と言えます。

まとめ　稼ぐだけでなく「守る勉強」も必要です

高金利の金融商品の落とし穴

金融商品を選択する場合、なによりも気をつけなければならないのは、金利（利回り）ばかりに目を向けないことです。国債や社債などを買うときに高金利を重視すると、失敗する可能性がきわめて高くなります。

あまりにもおいしい話には、絶対に裏があると思わなければなりません。「儲かる話」と言って言葉巧みに近づいてくる人には、まっすぐに視線を合わせて、こう言ってあげましょう。

「そうですか。そんなに儲かる自信があるのなら、こんなところで無駄な時間を使っていないで、いますぐあなたが全財産を注ぎ込んで購入してください。そうしたら、私も考えます」

ここで強調しておきます。株はもちろん、投資信託も国債も公社債も「絶対儲かる」ということはあり得ません（それどころか、国が発行している紙幣でさえ絶対ではないのです）。私の会社がおすすめする金融商品についても同様です。

金利が高いということは、「質が悪い」ということです。金利を高くしないと誰も買わないから高くするのです。この点は肝に銘じておいてほしいと思います。

ユーロ危機の発端となったギリシャの金利は、2年物国債で一時期100%を超えたことがあります。つまり、買えば2年後には倍になるわけです。それでも、2年後にはギリシャという国自体が破綻するかもしれないと考えて、ほとんどの人が買うのを敬遠したのです。

また、スペインの国債の金利が危険水域と言われる7%を超えたことで、大問題になったのも記憶に新しいかもしれません。

このように債券の金利は、高ければ高いほど信用度が低いということなのです。10年物の日本国債の金利は0・789%（2012年11月1日現在）程度ですが、この低さは日本という国の信用度と品質の高さの証明でもあります。

金融機関の営業マンに利回りが高いものをすすめられて、つい買ってしまった経験はありませんか。その場合は、リスクも同時に買ったと考えていいでしょう。

ハイリスク・ハイリターンとはどういうことか

「金利が上昇することによって債券価格が下落した」などと、新聞に書かれているのを目にしたことはありませんか。それがどういう意味なのか、金融業界の人でないかぎり、おそらくほとんどの人は理解できていません。

ちなみに「金利が上昇することによって債券価格が下落した」とは、簡単に説明すると、「金利が上昇すると、新しく発行される債券の利回りも上昇するため、現在保有している債券を売ろうとする動きが出てきて債券価格が下がる」ということです。

国債や大企業の社債などは「公募債」と呼ばれ、オープンな場で売られています。これらは信用度の高い国や会社が発行しています。

ときどき牛やエビなどで投資を募る詐欺まがいの商売がマスコミをにぎわすこともありますが、これらは「私募債」です。

私募債には公募債ほどの規模はありません。発行する組織の資産内容や信用度を把握することはむずかしいのが実情で、それゆえに高利回りになっているのです。まさにハイリスク・ハイリターンの典型的な金融商品と言えるでしょう。

公募債とは、新聞などに載っている投資信託の「○○ファンドの基準価格が本日は△△円」とオープンに公表されているものです。日本で言えば、金融庁のライセンスを取った透明性が高い商品です。

一方、私募債にはそうした透明性はありません。それでも、なかには質の良い商品があるのも確かですが……。

オープンで透明性の高い商品で勝負するとなると、ウォーレン・バフェット氏が年利換算で20数％程度の利益をあげていることが、ひとつの基準となります。公正な領域で投資運用するとなると、年で20％あたりが限界値だと考えられます。

まとめ

金利が高い＝質が悪い商品という視点を持っておく

投資用マンションの危険度は？

投資用の不動産について考えてみましょう。

新築マンションの投資用物件を扱っている業者がよく謳《うた》っているのが「節税効果」です。その謳い文句に乗せられて、何部屋も購入したり、買い足していく高所得者のビジネスマンがけっこういます。

購入者は収入も高く、一流会社に勤めていて信用度が高い。しかも不動産を担保として確保できるので、銀行も安心して資金を貸します。ただし、金利を払って借りているわけですから、金利が上がればそれだけ危険度が増します。

いまのところ、住宅ローンの金利は確かに低くなっています。それはゼロ金利政策をとっているからです。

歴史を振り返ると、先進国がゼロ金利政策を実施することなどありませんでした。歴史上初めてのことであり、現在はきわめて特殊な状況に陥っているのです。ゼロより下がないことは小学生でもわかります。つまりこれは、上に行く可能性しかないことを示唆しているのです。

2000万円の年収の人が2000万円のマンションを買い、毎月の住宅ローン返済が15万円で、家賃収入が14万円とすると、その差額はわずか1万円。その程度の負担なら、いずれ資産になるのだから良い買い物だと自分を納得させます。でも、金利が上がったらどうなるでしょうか。

よく「サラリーマン大家さんになろう」みたいな謳い文句を目にしますが、もし金利が上昇したら、多くの方が破産してしまう可能性が高いという現実を、しっかり見極めなければなりません。

◎もし、1000万円の物件を買ったら

典型的な例を紹介しましょう。これは、以前アメリカでサブプライムローン問題の起きる前によくあった例です。まず、1000万円の物件を買います。それが、数年後に1500万円に価値が上がります。そこで、1500万円を担保に新たに資金を借りる……これを繰り返すわけです。

物件価格が右肩上がりの時代であれば通用する手法なのですが、その前提条件

が崩れるとおしまいです。加えて金利上昇の波が訪れれば、ひとたまりもありません。資金調達は金利上昇を前提に実施すべきです。それが、危機回避の唯一の方法だと言えます。

不動産業者は新築物件を売るため、いろいろと魅力的な誘いをかけてきます。物件が売れていちばん得するのは不動産業者です。その後、金利が上昇して買った人が返済に困ろうと関係ありません。

何かの要因で価格が暴落した中古不動産なら、購入後に価値が元に戻って得をすることがあるかもしれませんが、新築の場合は金融機関と不動産業者が儲かるような価格設定をして売っているだけなので、そのようなことは起こり得ません。

不動産購入の際は、数十年後には修繕費用等がかかることを前提に検討したほうがいいでしょう。その際、日本のように湿度が高い国よりも、湿度が低く物件が長持ちする国も視野にいれて検討するのもひとつの方法です。また、税金の制度も考えて選ばないと有利な投資にはなり得ません。

まとめ

金利があがったらどうなるか？ という先のことまで考える

有名証券会社の人気商品でも危ない！

現在、販売が好調な投資信託の中には非常にリスクの高い商品があります。たとえば「高利回り社債ファンド」もそのひとつで、「ハイイールド債」と呼ばれて、ここ数年よく売れています。ハイイールド債のハイは「高い」で、イールドは「利回り」です。高利回りと言うと聞こえは良いですが、ここまで読んでくれた方ならおわかりの通り、高利回りは品質が低いので、別名、ジャンクフードならぬジャンクファンドと呼ばれています。高い利回りですから当然、低い格付けがなされています。

金融の世界で使われる格付けでは、上からトリプルA（Aが3つ）、ダブルA（Aが2つ）、シングルA（Aがひとつ）となっていますが、その下がトリプルBで、Bが3つです。

シングルAより下は、日本語で直訳すると「投資不適格」という意味で、シングルAまではかろうじて投資対象となります。B段階以下のものは、日本語でわかりやすく言えば「投機的水準」で、投資対象としては不向きということです。

実は、ハイイールド債とはダブルB以下のものを寄せ集めた商品。日本語に直訳すると「投資不適格債券ファンド」となるでしょう。それがこの商品の本質です。

中身は社債が多く、基本的には数年以内に破綻が予測される債券が多いのが実情です。しかし利回りが高いので、破綻する前に乗り換えることができれば、ハイリスクながらハイリターンを確保できます。

ウィキペディアでは、このハイイールド債を「高利回り債券のこと。投機的格付け債、ジャンク債と呼ばれるものとほぼ同義である」と表現しています。つまり、投機的格付け債であり、ジャンクのような寄せ集めのカテゴリーとして扱われるものだと考えていいでしょう。

ところが、大手証券会社や都市銀行等の人気の商品がこの種の債券だったりするわけです。こんな危険な商品が平気で出まわり、しかも日本を代表する金融機関で売り出されている……この日本の現状をしっかり頭に入れておいてください。

大きな組織の看板を信じすぎないこと

金融商品のアドバイスを受けるのであれば、自分で実際に資産運用をしている人が望ましいのは言うまでもありません。ただし、運用のプロであって、プロにもいろいろあることを知っておいてください。

友人の元ファンドマネジャーは、数千億円単位の債券のトレードをしていました。しかし、その人は債券に詳しいだけでした。個人資産の運用は、ごく当たり前の株式・債券・不動産の運用をしていたのです。これから新興国が伸びそうだから少し多めに持ってみようという程度の投資でした。当然、リーマンショックやサブプライム問題の際には、まわりの人と同じように損失を出しています。数千億円の運用の専門家だから腕が良いとはかぎらないのです。

それなら、アドバイスを受けないほうがいいかというと、そうではありません。人は自分の欲望をコントロールすることはきわめてむずかしいので、ある程度、運用のプロをあてにする必要もあるのです。

金融のプロと言われている人の中にも、3年も5年も予測をほぼ的中させている、正しい判断をしている優秀な人が、数は少ないながらも確かにいます。しかし、なぜこんなところに投資するのだろうと、首をひねってしまうような投資をしたりするので、一般の人にはなかなか理解ができないのが実情です。

極端な話、太陽の黒点の数まで選別の基準に入れているような人までいます。1800年代の恐慌の時代とまったく同じ現象がいま起こっていると力説する人もいます。世間一般の基準では奇人変人がうごめいているのが、投資の世界なのです。

そうした一般人には理解しがたい超一流の人たちの情報を噛みくだいて、総合的に提供していくのが私の仕事だと考えています。さもなければ、教科書どおりの「長期運用・分散投資」に陥ってしまいます。

いくら数千億円のトレードをしていても、ある分野のごく狭い範囲のプロでしかない。広い意味での運用ではなんの変哲もない方法しかできず、全体的には洞察力が足りない……そういう金融のプロがあまりに多いのが、日本の現状です。

大きな組織の看板に踊らされることのないよう、最低限でいいので、自分で金融の勉強をして、信頼できるプロを見極める目を、ぜひ養ってほしいと思います。

まとめ　プロはプロでもいろんなプロがいる、と知っておく

銀行の言葉を信じてバカをみる経営者たち

経営者の中には、「仕組み債」や「仕組み預金」にだまされるケースが少なくありません。経営手腕があり優秀な経営者であっても、投資の能力はまったく別ものなので、銀行の言葉を信じて失敗する方がいます。

例えば、オーストラリアドルの「ノックイン型預金」という商品。これは1オーストラリアドルの対円レートが60円を下回らなければ、2年後に年間6％の金利、2年間で12％の金利がつきます。そのかわり、そのレートを下回った場合は、それ相当額のオーストラリアドルに替わるというものです。これが仕組み預金です。一度、読んだだけではそのトリックはわかりませんが、実は絶対に損をしないのは銀行です。

オーストラリアドルの金利6％は支払われて当然ですが、レート幅に条件があるわけですから、レートが円高に振れれば、実質はオーストラリアドルを買うのと同じです。その場合は、為替が円高に振れているので、当然為替の損失が発生します。

確かに顧客のもくろみや期待に沿う為替レートになれば、高金利によって利益は出ます。ところが、高利回りの預金と謳いながらも、レートの変動によるリスクを顧客が負わなければなりません。ということは、単純に為替リスクを負ってオーストラリアドルの外貨預金をするのとほとんど一緒なわけです。

その一方で、レートに変動があろうと銀行はきちんと利鞘《りざや》を抜いているのです。

どんなにお世話になっている銀行でも…

あるいは、日経平均株価と連動する仕組み預金などもあり、例えば、日経平均株価が7000円を下回ってしまえば、日経平均の株式（投資信託）に替わってしまいます。ただ、順調に推移すれば、2％の金利がつくわけです。これも、株価の下落リスクを負って日経平均株価を購入するのとほとんど同じです。

確かに、現在の1％をはるかに下回る預金金利に比べれば魅力的です。しかし、株価が下落したときのリスクは顧客が抱えているのです。ここでも銀行は利鞘を抜いて利益を得ます。

経営者は、融資等で銀行にお世話になっているので、「これはいい商品ですよ」とすすめられれば、断りきれずについ手を出してしまうケースが多々あります。

私の顧客で、銀行にすすめられるまま、このタイプの商品に3000万円ほど投資して、結果、毀損《きそん》が生じ、3分の1くらいの価値になった方もいます。

それが、トリプルAやダブルAなどの会社の金融商品だとすれば、信用してしまいがちです。しかし、このお客様は、リーマンショックという名の金融危機で有名なリーマン・ブラザーズという会社の社債が含まれた仕組み預金を買わされていたのです。

かつては、リーマン・ブラザーズという会社は名門証券会社として有名で、格付けも高かったのですが、あっさりと潰れてしまいました。うまい話（内容が理解できればうまくはないのですが）には、必ず裏があることを知っておきたいものです。

まとめ

うまい話には必ず裏がある

コラム

超人的なファンドマネージャーの不思議な力

ウォーレン・バフェット氏は自分の欲望に左右されないことを心がけ、じっと待つ、ひたすら待つと言っています。持っていて待つわけですから、通常のレベルを超えた忍耐力をキープできる能力があるということです。いずれにしても、すぐれた投資家には何か突出した精神性があるということでしょう。

アメリカには超人的なファンドマネジャーが多数います。朝起きると森に行って瞑想する人もいます。

負け知らずのあるファンドマネジャーなどは、会社の自室に入ると、頭にその日に買う株式の名前が浮かんでくると言っています。まさに超人、超能力者の域に達していると言うしかありません。もっとも、本当かどうかはわかりませんが……。

ジョージ・ソロスというファンドマネジャーの息子さんは、「うちの父親は、今日は右の肩が痛いから売りだ。左の肩が痛いから買いだ」と言っていたと本に書いています。まさにこれも、超能力者以外のなにものでもありません。

実は私の仕事は、こうした長い間に蓄積された情報や超人たちの考え方、日常のありふれた変動や変化を総合し、噛みくだいて均質なものに変換して提供しているわけです。

第1章

第2章

第3章

より幸せな
お金持ちに近づく
「自分ブランド」の高め方

第4章

第5章

「自分ブランド」の構築が最良の運用法

高度成長時代のように右肩上がりの時代なら、コツコツと保守的に貯金するだけで問題はありませんでした。しかし、金融資産の根本的価値が崩れても不思議ではない現在、旧態依然とした貯蓄方法にこだわっていてよいはずがありません。

私の顧客に、かなり儲かっている医師がいます。クリニックを5つ経営していて、医師は自分1人。つまり、1人で5カ所をまわっています。

まさに馬車馬のように働いている方ですが、金融面にもかなり詳しく、近い将来に金融ショックが来ることを予見しています。そこで、対処法を考えているのですが、結局は「完全に手を打つことはむずかしい」とも言っています。

100%回避することは無理なので、金融ショックに見舞われたときに受ける打撃を少しでも減らすために努力するしかないと言います。私も同感です。

その医師がおもしろいことを言っていました。

「いま世界経済全体が沈んでいくなか、自分も沈み行く船に乗っているとすれば、その船の中だけでも上にあがれる状態をつくっておくために、ブランド力をつけておこう。仕方がないと何も手を打たないのではなく、全体が沈んでいる状態にあっても、自分は少しでも浮かびあがれる努力をしていくことが大事なのだ」

考えてみたら、どんなに景気が悪くなったとしても、経済活動がゼロになることはありませんから、不景気な時代により品質の高い物やサービスに集中するのは当たり前と言えるでしょう。

「いくらの貯金がある」「こんな資産がある」ということよりも、「自分ブランド」や、信用を高める努力をコツコツと続けることが実は最良の運用法なのです。

お金持ちになるということは、「世の中に大きな貢献をする」と覚悟をすることです。お金とは信用力。言葉を換えれば、お金持ちになるということは、信用を積み上げる努力を厭《いと》わないということです。「お金持ちになりたい」と堂々と言うことは、「世の中に大きな貢献をしますよ」と言っているのと同じことなのです。

信用を積み上げる覚悟が私にはありますと、言えますか。

まとめ

「お金持ちになる」=「世の中に大きな貢献をする」と宣言しよう

会社の財務の考え方を個人にあてはめてみよう

会社の経営者であれば、必ず知っている経営の基本となる財務に関する考え方があります。

会社経営における財務とは、単純に切り詰めるだけではなく、売上げを借入金の返済にまわす分と将来の成長のための投資にまわす分、そして従業員や株主に還元する分というように、大きく３つに分けることが基本となります。

具体的には、会社の売上げが１００あったとします。１００のうち、30は従業員の給料や役員の報酬に使います。40は将来の成長のために設備投資や研究開発に使います。そして、残りの30を貯蓄にまわすのです。

残念ながら、個人のお金の使い方にはこうした指針がありません。そのため、お金の貯め方や使い方がわからないのかもしれません。

個人で、住宅ローンがある場合を考えてみましょう。

日本人によく見られるのは、入ってきたお金のうち、すぐに使う予定のないお金はすべて繰り上げ返済にまわすというケース。借入金を減らすという行為自体は健全と言えば健全なのですが、それでは将来の成長の糧《かて》である研究開発費にまわす予算がなくなってしまいます。

会社が売上げを全部借入金の返済にまわすと、その会社の将来性はきわめて低くなります。なぜなら、一生懸命に借金ばかり返していても、新商品の開発ができないからです。

そもそも借金とは、将来に対するレバレッジです。したがって、お金に余裕があれば投資をして、借入金以上の利益を出すことを考えるべきなのです。儲かったからと言って借金の返済ばかりしていると、将来の成長の種となる開発投資に予算がまわらず、やがて先細りになります。

◎「なんとなくお金がなくなってしまう」から脱出する

これは個人でも同じことが言えます。

借金（ローン）返済にとらわれすぎないことです。将来の成長のため、どんな時代にも対応できるように自己投資にもある程度の予算を割かなければ、自分の価値は変わりません。

では、どうすればいいのか?

手取りのお金(収入)を上手に配分することです。

これにはバランス感覚が必要となりますが、小学生でも計算できるレベルですから、とても簡単です。

たとえば6万円の自由になるお金があれば、2万円を貯金して2万円は消費し、2万円を交際費を含めた自己投資にまわす。たった、これだけでいいのです。

大切なのは、この意識を持つことです。なんとなくお金がなくなってしまうのではなく、お金の使い道に意識を向けるのです。

また会社で言えば、社員や役員に対する分配、あるいは株主への報酬があります。これは個人では、自分へのご褒美《ほうび》や友人とのつき合い、交際費などに相当します。

まったく人とのつき合いがなければ、人脈や情報の点で先細りになるし、楽しみが皆無であればパワーも出てきません。

このような支出は、〝生き金〟と言えます。何か支出をするときに、自分の心の

会社のお金の使い方を個人にあてはめてみる

経営の基本となる財務の考え方

会社が売上げが 100 の場合のお金の使い方は、

30……従業員の給料や役員の報酬に

40……将来の成長のために設備投資や研究開発に

30……貯蓄（内部留保）

この配分を個人のお金の使い方に応用する

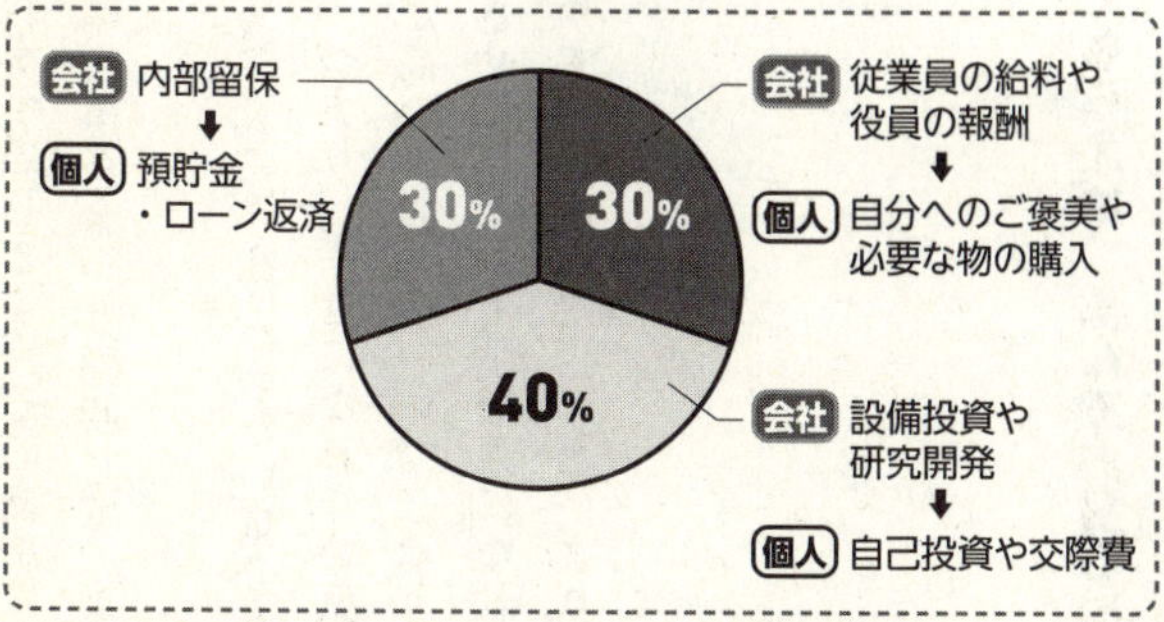

毎月6万円の自由になるお金がある場合の使い方

- いろいろな物に消費 → 2万円
- 自己投資や交際費 → 2万円
- 貯金 → 2万円

なんとなくお金がなくなってしまうのではなく、お金の使い方に意識を向けることが大切

中をまずのぞいてみることをおすすめします。その支出によって、自分やまわりの人が幸せになれるのであれば、〝生き金〟と判断して、まず間違いないと思います。

その反面、支出をするときになんとなく後ろめたい気分がしたり、自分自身の進歩や向上につながらないもの。つまり、幸せになれない気分の支出であれば、その支出は〝死に金〟の可能性が高いと思っていいでしょう。

〝生き金〟としてお金を流通させることが上手な人になれば、お金も、「この人について行ったら気持ちよく使ってくれるんだ！」と、より集まってきやすくなります。

まとめ

お金にいい気持ちになってもらえば、喜んでお金のほうからやってきます

自分の健康にも設備投資をする

会社の設備投資に相当するのは、個人では自己投資になります。

自己投資とは、資格取得のためや本業に関する勉強をする以外に、自分の感性を磨くことも含まれます。音楽を聴く、美術作品を鑑賞する、ボランティア活動に参加する……なども大切だと思います。実際、どんな世界でもレベルが上がれば上がるほど、そうした感性の鋭さが重要となってくるはずです。

お金の使い方のひとつとして、自分で設備投資や研究開発費の項目を設けて戦略的に使ってみてください。自分のレベルが上がれば、時間当たりの生産性が高くなり、同じ時間働いても、より多くの金額を稼げるようになります。

工場に機械があれば、メンテナンスが必要となります。メンテナンスをしっかりおこなえば長持ちします。長期的に見たコストも安くなり、環境にもやさしくなります。これは、人間の身体でもまったく同じだと思います。

残念なことに、自分の身体や心をおろそかにしている人が多いのです。運動をやっていた人は、身体のコンディションで仕事の調子が変わることを知っています。身体の調子を高めておけば、仕事のパフォーマンスを最高に発揮できます。

自分自身の健康は、社会に対する貢献度に影響します。健康であることは社会に対する責任と、言い換えてもいいでしょう。

お金を健康を保つための予防の部分に使いましょう。そのほうが安上がりです。健康であれば国も診療報酬で病院に払うお金が減りますし、いいことづくめです。

知人に、お金を極力使わず、支出をギリギリまで切り詰めて何十年も貯金をし続けていた貯蓄が趣味のような人がいました。ところが、50代で体を壊して療養費で貯金をすべて使い果たしてしまいました。退職まであと10年もありません。

貯金をしたいがために人とのつき合いもしませんでした。貯金ばかりしていたために、精神的ストレスが病気の引き金となってしまったのかもしれない、と考えさせられました。

まとめ

身体と心のメンテナンスも自己投資

つき合うレベルを少しずつ年収の高い人にあげていく

お金持ちには、近づいていいお金持ちと近づいてはいけないお金持ちがいます。良いお金持ちというのは、人に喜ばれながらお金を増やしているお金持ちです。

私の経験から言うと、良いお金持ちと接していると、自分も良い影響を受けることができます。よく言われる「ツイてる人とつき合いなさい」は、核心を突いていると思います。

とは言っても、年収500万円の人が、いきなり年収1億円の人とつき合おうと思っても無理があります。お金の価値基準にあまりにも隔たりがあります。飲んでいる水が違う、吸っている空気が違うということです。

いま現在つき合っている層というのは、自分と同じような年収のレベルで固まる傾向があります。そこで、ある程度意識的に、自分よりちょっとだけ収入が上の人とつき合うようにしてみましょう。

年収400万円レベルの人であれば、年収600万円レベルの人とつき合うようにするのです。すると、徐々に自分の考え方、心の持ちよう、雰囲気が変わってきます。

もちろん、いままでの自分よりもちょっとだけレベルをあげる必要があるのですから、自分自身の考え方や心の持ち方、感性もあげていかなければなりません。

このレベルの人とのつき合いが快適になってきたら、次は年収1000万円レベルの人を意識します。スポーツでも、いきなりきついトレーニングをしたら身体を壊してしまうように、少しずつレベルをあげることが大事です。

また、金があっても悪いことをして稼いだ人の顔を見ると、幸せそうには見えません。お金持ちになりたい目的は、そもそも幸せになりたいはずなのに、悪いことをして稼いだ人が幸せに見えないのは、お金持ちになる目的をはき違えているわけですから、幸せなお金持ちを目標にしましょう。

まとめ たとえお金を持っていても、近づいてはいけない人がいます

お金で人間関係を壊さないために

私の失敗例をお話しします。

人が困っていたら貸してあげるのが人づき合い。そう思っていました。

助けて助けられて……それが人間関係なのですから。

でも、ことお金に関しては、この考えは間違っていました。お金を貸して、もしその人が返せなかったら……。その場合は、お金を返せなかった人よりも、お金を貸した人のほうが罪が重いと考えるべきなのです。貸さないほうがその人のためにはよかったのです。

お金を借りたい人、お金が不足している人には理由があります。浪費癖、事業で失敗した、あるいは無謀な投資をしてしまった……。「お金がなくなる」ようにしてしまった、その人に問題があるのです。それを、借りられるところから借りて目先の問題だけ解決してなんとかしのいで……そしてまた誰かから借りて……という悪循環の繰り返しになりがちです。

でも、その人自身がちゃんと稼ぎなおして、その理由を解消する必要があるのです。

お金を貸すときには、相手に返済能力があるか、担保価値があるかを確認すべきです。

担保能力、返済能力のない人には絶対に貸してはいけません。この点をしっかり肝に銘じていないと失敗する人が本当に多いのです。そして、貸したほうの家族が一家離散などという悲劇はあとを絶たないのです。お人好しな自分のせいで自分や家族を身の破滅に導かないように。

もし貸すのであれば、返してもらえなかったら、そのときは自分の罪になるという考えでおこなってください。人にお金を貸すということには、そういう覚悟が必要なのです。

まとめ

貸したお金が返ってこなくても、それは貸した人の罪なのです

好きなことをして、どんどんお金が貯まる人とは

お金を貯めることなど意識せず、自分が得意なこと、好きなことをしていて、結果として自然にお金が貯まっている人がいます。本当に幸せな人だと思います。

知り合いの高利貸しの話です。お金はそれなりに持っているし、収入も高い。しかし、とにかく支出が多い。ギャンブルに高額を使い、貯金額は増えません。

収入はあるのにあまり増えていかないのは、お金に愛されていないからです。その人の収入は、どちらかと言うと人の恨みをかうようなお金で、「惜しい、もったいない」という気持ちを持ったまま、相手が支払ったお金なのでしょう。

前にも述べましたが、よほどの器《うつわ》がないかぎり、そうした人のお金を長期間保有するのは至難の業だと思います。この高利貸しの器では、怨念の強いお札が集まると受け入れきれず、容量を超えてしまうのでしょう。そのストレス解消法が、おそらくギャンブルなのです。その人の器を越えたお金はパッと使ってしまうため、貯金額が増えないのです。

◎いつのまにかお金が貯まっていく幸せな人生

いちばんストレスなくお金をキープできるのは、本業で楽しみながらお金を稼いでいる人です。楽しんで稼いだお金なので怨念がなく、必要以上の器がいらないので貯まりやすいのです。このような人は、お金を貯めようとあまり意識していなくても結果として貯まっています。

ある料理店のご主人は、ずっと料理一筋。著名人も来店するけど、店を大きくしよう、都心の一等地に出店しよう、チェーン店を増やそう……そんな意識はまるでありません。経営的なことはほとんど考えず、美味しい料理を作ることだけに集中していたら、いつのまにかお金が貯まっていたのです。

このタイプは職人さんによく見られます。

職人さんは比較的金融知識にはとぼしく、また興味もなかったりします。それでも、結果的にそれなりの資産を築いたりしているのです。

ある札幌のすごく流行っているラーメン屋さんでは、店の入り口で社長がお客様に挨拶をしています。社長の仕事はあいさつだけ。「いらっしゃいませ」「ありがとうございます」と、立って言っているだけ。それでも、この社長もかなり資産を持っています。投資などはせず、預金をしているだけです。

預貯金をしているだけというのは、経済状態が激変したときには価値が目減りする危険性があります。でも、こうした人はそんなことなど気にしていません。万が一、積み上げた貯金がゼロになっても、「それは他の人もみんな同じでしょう」くらいにしか考えません。美味しいラーメンを作っていれば、また資産を築くことが可能だと知っているからです。自分ブランドがある人には、それが可能なのです。

まとめ

気がついたらお金持ちになっていた！は夢物語ではありません

お金を「生き金」にするバランス感覚

私の知り合いに創業したばかりのベンチャー企業に入った人がいます。

とにかく忙しくて仕事は山ほどあるのに、給料はそれほど高くない。でも、働かなければならないので、スキルはいやでも伸びます。自分ブランドがどんどん高まっているわけです。つまり、少ない給料も「生き金」になっています。

この人は本質的な価値を見ているので、悪条件も割り切ることができます。能力やスキルが伸びているから、給料は少なくてもいい。そう考えられるのです。

お金に対する考え方が変わると、発想そのものが変わってきます。当然、仕事に対する意気込みや取り組み方も変わります。その結果、現在のポジションをステップにして、より高いハードルを跳び越えることもできるようになります。

まず、働くことに不満を持たないこと。不満だらけで眉間にしわを寄せて働いていると、周囲やお客様にも悪影響を及ぼしますし、本人の能力もアップしません。精神状態も最悪でしょう。そのうえ、給料の低さに不満をもらしていると、ますますマイナスのスパイラルに飲み込まれてしまいます。

いま目の前にある現状は、すぐには変えようがありません。その人の過去の集積が現在であり、現在の積み重ねが将来、形になってあらわれてくるのです。

年収が低い理由は、現在の自分の価値が低いためです。もし私が収入の低いOLなら、仕事のあとに何かの勉強をしたり、アルバイトをしたり、空いた時間でできる副業を考えたりして、スキルアップと収入アップを図るでしょう。

収入が低いことに胡座《あぐら》をかいて、何もしない人が多いのですが、とにかく無駄な支出を削る努力と収入を上げる努力を、同時進行で実践する必要があります。

◎モチベーションを高く保つ最良の方法

空手をしていた頃、私はあえて厳しいトレーニングを自分に課していました。練習がきつければきついほど、脳内ホルモンが出てきます。きつくない練習では脳内ホルモンが出ない分きつく感じてしまうのです。きつければきついほど達成感が高くなり、モチベーションも高く保てます。

あるデザイナーの話です。夜中働いて翌日、社員が出社したら同じ格好で仕事をしていたそうです。肉体的には苦痛であっても、本人の中では「快」な状態（最近よく言われる「ゾーンに入る」という状態）になっているんですね。

このように働けば自分の能力を発揮できて、結局、自分ブランドの積み上げ、社会への貢献度がどんどん増して収入もアップすることになる。すると、自分も会社も取引先も、みんな気持ちよくなるはずです。全員がそうなることが望ましいのですが、なかなかそうはいきません。ゆるいほうが楽だと感じる人も多いからです。

しかし、本当はきついほうが楽しいのだと気づいてください。きついというよりも〝無我夢中〟と表現したほうがいいかもしれません。無我夢中の〝無我〟とはもともと仏教語で、自分にとらわれる心を超越した心という意味だそうです。自分にとらわれていないということは、自分自身の苦しみもないはずです。

無我夢中になると、脳内ホルモンが出て苦しみを感じないと言えます。その結果、成長のスパイラルに入っていけるはずです。

まとめ　いまの仕事を全力でやる、というのも手軽なスキルアップの方法

どんな会社でも能力を発揮できる人材になる

社会の見方が幅広くなると、自分がどのポジションにいるのか、自分の価値をどう高めればいいのかがわかってきます。

会社の理念や存在意義がわかってくると、自然に経営方針も見えてくるように、自分はなんのために生きていて、なんのために仕事していて、どういう能力があるのかを、まず知ることです。

そして、自分の能力は生かさなければなりません。特技を生かしたほうが幸せ感を得られるとともに、より大きな力を発揮できます。アウトプットとしてのパフォーマンスも必ず向上するはずです。

たとえば、貯金はそれほどないけれど人脈が広くて魅力的な人は、持ち前の外交力で信用力を蓄積しているわけです。

逆に貯金は多いけれど、人づき合いをあまりしない人は、外交力はないかもしれませんが、お金を管理させれば突出した能力を発揮するかもしれません。

人には誰も、その人なりの信用力があるものです。

公務員や銀行員などは堅いほうがいいでしょう。商社マンや営業マンなどは、多少貯蓄能力が低くても営業能力が高ければ、それがその人の価値になります。

会社に業種があるように、自分の業種、ポジショニングをしてみましょう。

まとめ
自分のカラーに合わせた自分ブランドの高め方を考える

「楽して儲ける」にひそむ落とし穴

バブルの時代には短期的に楽して儲けた人が多くいました。

その人たちがすぐに姿を消してしまったのは、自分という足元のブランド構築をせずに、ただ表層的な利益のみを追い求めたからです。これは、ブランド構築や信用構築を無視して、額面を追い求めるマネーゲームに走ってはいけないことの証《あかし》ともとれます。

バブリーな時期に多少の投機に走るのはいいかもしれませんが、人は多少といいながら自分の欲深さに負けてしまい、儲かるともう少し投資する……そんな具合に、どんどん底なし沼に足を沈めていきます。

ギャンブル意識が芽生えるのは人情です。誰でも欲望を持っているのですから。それを上手にコントロールできる人など滅多にいません。

そこで、資産運用を担当するプロのアドバイスの登場となります。プロとは欲望をからめず、第三者的に合理的で理論的なアドバイスを顧客にするため、結果として成功するのです。

◎ＦＸは丁半博打と同じ

欲望などの心の問題をコントロールできる人であれば、自分で資産運用してもいいでしょう。ところが、経営者や営業マンとしては一流の人でも運用では失敗することが多々あります。私はこれまでそのような人をたくさん見てきています。

バブルに踊らされて一時的に儲かって資産が膨れあがったけれど、またたくまに無一文になったのは、欲望のおもむくまま投機に走ったことが原因でした。

現在は経済ショックが起きやすい状況にあります。足元の本業をきちんとこなしていくのが、ある意味でもっとも賢く安全な投資だと言えます。

たとえば、安易にサラリーマンでも大家になって稼げるとか、主婦がＦＸで何億円も稼いだとか、これらに共通しているのは、まるで宝くじみたいに一攫千金を得るギャンブルのようなものという点です。

これらは、あたかも楽をして儲けているようですが、実質的な労働はしていなくても、精神的なストレスは相当大きなものがあります。

不動産として資産を抱えていても、その一方でローンを組んでいると負債も多いため、金利が上がると大変な負担になります。

莫大な借金をして買った不動産で収益をあげようとしている場合は、金利の動向に絶えずピリピリせざるを得ません。一見、気楽そうに見えても、四六時中リスクを背負っているようなものです。

FXなどはいわば丁半博打と同じで、為替が上に行くか下に行くかを当てるだけのことです。そこには、誰も明確な根拠など持てません。たまに才能のある人もいますが、基本的には丁半博打に時間とお金を費やしているだけの話です。一時カリスマ主婦と騒がれた人もいますが、長期的に見ると結局は失敗しているそうです。

まとめ

危ない時代ほど、足元を見て生きることが重要

数字で目標を立てなくてもいい

世の中の成功哲学のようなものは、なぜ具体的な数字で目標を立てろと言うのでしょうか。10年で1億円貯める目標を立てたとして、それが達成できなかったら不幸なのでしょうか。

私は、そもそも数字を目標とすることに違和感を感じます。

人間が生きる目的とはなんでしょうか。

もしそれが進歩・向上だとすれば、俗にいうつらいこと・苦しいことこそが人間を成長させてくれるはずです。だとすれば、苦しいこと・つらいことを楽しくこなす精神性こそが、幸せの条件としてもっとも大切なことなのではないかと思うのです。

年収が高ければ高いほど幸せなのでしょうか。

億万長者が偉いのでしょうか？

そうは思いません。人が嫌がるつらい仕事をすることで、人から喜んでもらって幸せな人もいます。地味でつらい仕事をしてくれる人がいるからこそ、世の中はまわっていくのです。

少ない賃金で生計を立てていたとしてもニコニコ幸せに毎日を暮らしている人がいるとしたら、疑心暗鬼で自分の死んだ後の相続のことで悩み苦しんでいる億万長者より何十倍も幸せでしょう。

でも、つきつめてしまえば、「試練」という点から見たら、「少ない賃金で大変な仕事をする」ことも「相続や人間関係で苦しんでいる」ことも同じなんですけれどね。

まとめ

人間はどんな形であれ、試練を乗り越えなければならない生き物

自分にしかできない仕事をしよう

昔、空手で表彰台に立たせてもらったときのことです。

これは自分にしか味わえないのだからありがたいなと思ったのですが、別に人に見られなくてもいい、とも思いました。観客がいなくても、自分の努力が結果に結びついたことを味わえれば、それで満足だったのです。

いまのあなたの仕事はいかがでしょうか？

世界の中の日本、それも特定のある仕事をいまできるのは自分ひとりだけ。そう思えば、自分の今の仕事が誇りに思えてこないでしょうか。

お金があればできることは、お金がある人なら誰でもできることです。でも、いまのあなたの仕事はあなたにしかできません。

自分にしかできない仕事を楽しくこなす快感は、世界であなたひとりしかできないんです。

仕事では確かにつらいこともいっぱいあります。

家族や生活のために働かなくてはならないということもあるでしょう。結果を出さないとクビになってしまう、そんなこともあるでしょう。だから、大事なのは、そういった試練をいかに楽しく乗り越えられるか、なのだと思います。

マズローの5段階の欲求説をご存知でしょうか。

いちばん単純なのは「生理的（肉体的）な欲求にこたえること」。たとえば、「これをこなしたら美味しいものが食べられる」などです。

次が「安全の欲求」。仕事をしっかりやれば、給料が上がり貯金もできて、老後も安心など。

次が「所属と愛の欲求」で、仕事でたとえると、同僚や上司に受け入れられていること。

次が「承認（尊重）の欲求」。他の人にはなかなかできないレベルの技術・能力の習得や目標達成による自分自身の満足感・自信。

そして、いちばん高度な欲求が「自己実現の欲求」なのです。自分の持つ能力や可能性を最大限に発揮することで自分のなりえるものにならなければならない、という欲求。

自分の得意なこと（素質のあるもの）で、自分自身の能力を思い切り発揮することが、いちばん幸せでもっとも高度な快感を得られることなのです。

あなたの仕事は、どうでしょうか？

まとめ

自分の仕事に誇りを持てていますか？

自分で自分の背中を押せる行動力をつけよう

やらなきゃいけないとはわかっているのに、ついつい先送りしてしまう。お金を貯めようと思っているのに、気がつくと給料日前は火の車……。

はい、あなたに足りないのは「やる」という行動力です。

行動力をつけるにはどうしたらよいでしょう? 私の経験からすると、「それをやらなければ命の危険がある」とか、人生を棒にふってしまうというくらいのプレッシャーがあれば、いちばん行動力が出ます。

でも、そこまでのプレッシャーがなかったら?

たとえば、心がウキウキする状況をわざと作り、自分をよい意味でだますという方法があります。心が身体を動かすのです。

「あぁ、仕事に行くのがいやだなぁ」というときがありますよね。昔、私が空手をしていたときに、とてもつらい練習に出かけるのが非常に憂鬱なときに、どうやって自分を動機づけていたかを紹介します。

①練習後のノドが空っからの状態での冷たいビール！（生理的な欲求に応える）
②今日の練習がこなせれば試合で優勝できる可能性が！（安全の欲求に応える）
③先生やコーチ、先輩からの評価が高くなる！（所属・愛の欲求に応える）
④練習で自分自身の課題がクリアでき、自信や満足感につながる。応援してくれる人に喜んでもらえる！（承認の欲求に応える）
⑤自分自身の理想の達成に一歩近づける！（自己実現の欲求に応える）

こうやって動機づけ、いざ練習が始まったら、思いきりのめりこみます。自分自身にとってこなせるギリギリの線で「ハイ」な状態でのぞめば、想像以上の結果が生まれる可能性が高くなります。

トレーニングの世界では「超回復」という言葉があります。筋細胞をトレーニングでいったん破壊し、それを栄養と休養で回復させた後にはトレーニング前よりも強くなるという作用なのですが、仕事も同じだと思います。

目の前の課題はしんどく見えるかもしれませんし、肉体的にも精神的にもダメージをこうむるかもしれません。ただ、それを乗り越えたときによりレベルアップした自分が生まれると考えたら、どうでしょうか。

最初は小さなことでも1つひとつ乗り越えていくことで、どんどん自信もついていきます。より高度でむずかしいこともこなせるようになります。

まとめ

小さな成功体験を積み重ねて自信をつけよう

7350円です
ハイ
あ、ちょっと待って
よごれてる
キュキュ
ありがとうございました
……
―後日―
ピンポーン
ごめんください
ん？どうぞ
こんばんは
先日、丁寧に扱っていただいたお札です
お礼に仲間を連れて戻ってきました
わ

第1章

第2章

第3章

第4章

第5章

日本人が知らない お金の世界構造

世界を動かす、お金の「正体」とは？

２０１１年から続くユーロ危機に象徴されるように、世界経済は現在、ボロボロな状態にあります。瀕死状態と言っていいかもしれません。

現代社会は世界各国の経済が複雑にリンクしあっています。アメリカがこけても、ユーロでも日本でも、どの国がこけてもすべての国が足を引っ張られます。お金の価値とは、紙切れ（紙幣）１枚にある一定の共通認識を持たせて流通させているにすぎませんから、世界的な経済危機が起きれば、一気に価値基準そのものが崩壊します。

こういう時代だからこそ、お金の価値を根本的に見直すという発想を持つことが重要になるのです。本章では、お金をめぐるさまざまな話題を世界経済の面から考えていきたいと思います。それによって、お金の正体が少し理解できるようになることでしょう。

お金によって信用を生み出す

そもそも「お金」とはなんなのでしょうか？　常識的に言えば、お金とは世の中に流通する貨幣であり、日本なら中央銀行である日本銀行（日銀）で印刷されています。紙代とインク刷代によって貨幣という新しい価値を生み出している製造業が中央銀行です。

このお金を生み出すことを「信用創造」と言います。貨幣によって新たな信用を創造するという考え方が、そこにはあります。

金本位制度から管理通貨制度へ

1971年の「ニクソン・ショック」、アメリカのニクソン大統領がドルと金《きん》との兌換《だかん》（交換）停止を宣言したことで、「金本位制」が終わりを告げました。

それまでは、国といえども貨幣や通貨の信用がなくなれば潰れてしまうのが当たり前でした。政府に信用がなくなれば、貨幣に対する信用もなくなるため、お金は最後には金に交換できることにして、貨幣の信用を確保していました。

政府は純金の目方を量り、その重さで貨幣を製造していたので、貨幣の担保価値が保証されていました。したがって、その頃にはインフレはなかったのです。インフレとは物価の上昇、すなわちお金の価値の目減りにほかなりません。インフレになれば、1オンスの金を買う際に、より多くの貨幣を支払わなければならなくなります。現在のアメリカのインフレは、ここに原因があります。ドルやそのほかの貨幣、通貨の価値の下落はインフレに起因しています。

金を買うために多くのドルが必要だからといって、中央銀行がどんどんドル紙幣を製造して市場に供給すれば、ドルが溢れてその価値は下がります。日本円がほとんどすべての外貨に対して円高となっているのは、それだけ日本円以外の外貨のインフレ率＝通貨価値の下落率が高いということでもあります。

◎国債で、国の信用力もわかる

中央銀行とは、日本なら日本銀行（日銀）ですが、日銀はふつうの上場企業と同じように株価も公表されています（ちなみに日銀は半分近くの株を外国人が保有していますが、これは日本が太平洋戦争に負けたことと無縁ではありません）。

コラム

そもそも「インフレ」ってなんだ？

現在、あなたの所持しているお金が1000万円だとします。ところが、30年後にはインフレによって、その価値が500万円以下に下落していれば、現在の1000万円は、そのとき500万円の価値しかもちません。

インフレはお金の価値を下げる魔法の杖のようなもの。お金を手元に抱え込んでいても、インフレ率以上のスピードで持っている価値を高めなければ、その価値はどんどん下がります。

通貨の価値を変える手法としてデノミがありますが、「インフレ誘導」もあります。これについては、欧米は達人の域です。

1年に10%のインフレ率を実現すれば、10年で100%になり、10年間で借金が棒引きとなる計算になります。

ハイパーインフレ（2桁のインフレ率）までいかなくとも、1桁の後半のインフレ率を実現すれば、国としては借金がかなり目減りするので、相当に楽になります。

インフレ時には、国債などを発行して借金をできる国や、社債を発行すれば買ってもらえる企業などは、財政的にも経営的にも有利になります。しかも、大量の通貨を市場につぎ込んでインフレ率を上げれば、借金は確実に目減りします。借金が打ち出の小槌《こづち》のような存在にもなり得るのです。

この中央銀行は、国際的にはプライベートなカンパニーが主流となっています。アメリカのFRB（米連邦準備銀行）やヨーロッパのECB（欧州中央銀行）も実は、株主がいる民間の公人・会社です。

アメリカのFRBについては、昔の欧米の大銀行が設立にかかわっています（設立の経緯が本にも書かれています）し、旧モルガンスタンレーの関連企業や旧ソロモンブラザーなどの銀行が、多くの株を持っています。

FRBはロスチャイルド系とロックフェラー系の企業が共同出資という形で設立されたのですが、彼らの目的は通貨の発行権を握ることにありました。紙代とインク代だけで価値を創造できる究極の製造業が、一部の国際的な財閥によって牛耳《ぎゅうじ》られているのが貨幣の世界です。

お金とは、それを発行するものの信用力をあらわしています。お金が足りない場合、国が国を運営するには、膨大なお金が必要となります。これが「国債」です。国が借金をする証拠として借用証書が発行されます。これが「国債」です。国が発行する国債は、国の借金の残高と信用力を象徴しています。

信用力の高い国は、低い利率でお金を借りることができます。つまり、国債の利回りが低ければ低いほど、その国の信用力は高いわけです。日本国債の利回りが低いのは、日本の国の信用力が高いことの裏返しになっているのです。

国だけではありません。たとえばトヨタが発行する社債は、トヨタという会社の信用を具現するお金なのです。信用力の高い会社が発行する社債は利率が低いのです。ローリスク・ローリターンで、信用力が高くリスクの低いものに投資する場合のリターン（利率）は低くなります。

もうおわかりいただけたと思いますが、お金の正体とは、実は「信用」そのものなのです。日本円であれば、「日本政府の信用」によって「円」というお金の価値が担保されているわけです。

まとめ

お金の正体とは、「信用」です

このままいったら、国家が破綻する!?

ギリシャのように国家の破綻が現実味を帯びてきた場合には、いかなる対策を取ればいいのでしょうか。よく議論されるのが、国際的に協調し合って、現在の状況を一斉に「ご破算」にしてしまおうという案です。

まるで冗談のような案ですが、現在の国際情勢を見ると決して冗談とは笑いとばせなくなっています。それほどまでにいまの管理通貨制度はその効力を失い、否定される段階にきています。

そこで再登場するのが、金本位制です。

金との交換比率さえ決めれば、通貨の価値が大きく揺らぐことはなくなります。しかも、誰でもその通貨の価値を把握できます。

たとえば、新円を発行して旧円と新円との交換比率を示し、貨幣の新旧交代を実現します。当然、これまでの旧円は使えなくなりますから、タンス預金など、死蔵されていたお金が市場に出てきて回収されます。

その場合、これまで把握できなかったマネーの量や隠されていた個人資産などを捕捉することにもつながり、資産税のような新たな課税対象が生まれる可能性もあります。

ある日突然、資産を税金で持っていかれるかもしれない

紙幣の価値が目減りしても、たとえば金やプラチナ、不動産などの現物資産などは大丈夫なはずです。不動産は腐らないので、そこが一等地であれば、そう簡単に価値はなくなりません。

ところが恐いのは、経済的な恐慌状態になると新しい税金が発生してくることです。実際、金の売却益に対する税率は上げられました。不動産やその他の資産に対しても、資産税というような名前の税金が出てくる可能性もあります。

どんなに優良な現物資産を持っていても、税金で大部分を国に持っていかれる状況になるかもしれません。ずっと真面目に働いて、コツコツと貯金をしてきた人も、それまでの我慢や努力が国の一存により、お金の価値を大きく目減りさせられる危険性があります。

保守的に貯金だけが目的のような生活をしてきた人は、実は国というひとつの発行体に一極集中している不安定な投資戦略を採用している状態に陥っているわけです。

フランスでは2012年5月に、「ゆがんだ富の分配是正」を公約に掲げたオランド氏が大統領に当選し、富裕税を創設したことで、富裕層がスイスなどの税率の低い国外に逃げていく現象が生じています。アメリカや日本でも、フランスと同様なことが起きない保証はありません。

その一方で、シンガポールのように税率を下げて、富裕層を取り込むのに成功した国もあります。香港などもその代表格でしょう。

いまは日本一国を見るのではなく、グローバルな視点でお金の価値を考えるべき時代を迎えているのです。

まとめ

恐慌状態になると怖いのは新しい税金というしくみ

黒字を出し続ける優良国日本と、赤字大国アメリカ

日本では長年ゼロ金利の状態が続き、銀行にお金を預けていてもまったく増えないので、もっと金利の高い国に預金先を変えようという話をよく聞きます。

しかし、景気がよくないのは世界中、どこも同じです。しかも新興国などではインフレ率がきわめて高く、金利よりもインフレ率が上回っているくらいです。

インフレ率とはお金の目減りする率のことですから、金利よりインフレ率のほうが高いということは、預金していてもお金が目減りすることを意味します。

それに比べて日本は、ゼロ金利と言われながらも、国の安定感にはすばらしいものがあります。２０１１年は東日本大震災やタイの洪水などにより日本の貿易収支が31年ぶりに赤字になりましたが、それでも１１９３億ドル（1ドル90円換算で10・7兆円）の経常利益です。これは、貿易収支よりも所得収支が多くなっており、日本の経常収支は黒字をキープできる構造となっているからです。日本が貿易よりも海外から得ている利子や配当等の収入が多い理由です。ここ20年間

平均で、毎年10兆円から20兆円の利益を出し続けている優良国なのです。

世界を見ても、これだけ黒字を出し続けている国はきわめて少なく、黒字が出ることと自体が奇跡と呼べるのが、世界の現状とも言えます。

世界経済をリードする先進国G7（日本・フランス・アメリカ・イギリス・ドイツ・イタリア・カナダ）を見ても、過去30年以上連続黒字だった国は日本だけです。

そうした背景があるので、リーマンショックやサブプライムショックのような金融ショックが起きると、日本円が世界でいちばん買われる通貨となるのです。日本円は世界最強の通貨になっているというのが、金融の世界の評価です。

日本円と並んで強い通貨とされるのはスイスフランですが、スイスも過去30年以上赤字になったことがありません。強い通貨には理由があるのです。

ちなみに、リーマンショックの際に世界中でもっとも買われたのが日本円で、金融の世界でもっとも安全な通貨と言われているスイスフランは2番目でした。

まとめ ゼロ金利だから海外に…という安易な発想にご用心

世界最強の「円」。強い通貨にはワケがある

いま世界でいちばん強い通貨は日本円です。したがって、日本円を持っている日本人が、わざわざ価値の低い外貨に換えるというのは、ナンセンス以外のなにものでもありません。

つまり、外貨預金などに目移りするより、通貨で持つ分に関しては、いまは日本円で確保しているほうが得策だということです。ただし、あくまでもそれは通貨の中だけの話で、通貨だけで資産を持つことはおすすめしません。

ところが、日本のマスコミは「日本は危ない」「借金が1000兆円もある」「景気も最悪だ」「デフレから脱却できない」などと、最悪の状況に置かれているように煽りたてます。

また、デフレが悪いことのように言う人が多いのですが、お金の価値が下落しないという意味では、デフレは決して悪いことばかりではありません。

それなのに、日本という国がまるで沈没寸前のように言われるので、海外に資

産を移そう、あるいは少しは外貨で持っていようなどと思ってしまうのです。

たしかに、海外に資産を分散したり、日本円以外の資産を持つこと自体はいいのですが、その方法論が間違いだらけなのです。

たとえば、香港やシンガポールあたりに海外口座を開いても、節税上はまったく意味がありません。なぜなら、そのような国に日本の国税当局はちゃんと事務所を置いているからです。

海外口座を開いたことのある方ならご存じですが、口座開設にあたってはパスポート等の身分証明書を提出する必要があります。日本人であれば、世界のどこにいても日本の税金を課されるのです。それは海外口座であっても同じです。

では、どうしたらいいのでしょう？　方法がないわけではありませんが、高度なスキームが必要となりますので、ご興味のある方は直接お問い合わせください。

◎要注意の金融商品

日本の資産が国外に移ると都合がいいのは、はたして誰でしょうか。それは海外の国々です。「ドルの金利が高いので、ドルに分散投資をすると安心ですよ」と言えば、アメリカに資金が流れやすくなります。「円高は悪だ」というロジックで、資産の海外流出を誘っているのが現実です。

たとえば、アメリカの不動産ファンドである「USリートファンド」を、ここ数年、日本の銀行が積極的に販売しています。

アメリカの不動産の現状は、現地に視察に行けばわかりますが、まったく売れないし、テナントはつかないという惨憺《さんたん》たる状態にあります。そんなときに、なぜUSリートファンドを日本の銀行は積極的に販売しているのでしょう。日本人のお金を使って、アメリカの不動産市場を買い支えるためとしか思えません。

ほかにもまだたくさんありますが、気をつけるべき金融商品はそうしたリート関係のファンドや、ハイイールド債などの高利回り債券ファンドです。

まとめ　デフレは悪いこと、という刷り込みをされていませんか？

借金の達人、アメリカの思惑

アメリカという国は、長年赤字経営が続いている企業のようなものです。

2012年4月発行のIMF（国際通貨基金）のデータによると、世界183か国で最大の経常赤字国はアメリカで、4659億ドルの赤字（1ドル90円として41・9兆円の赤字！）となっています。ちなみにアメリカの場合、過去30年で黒字だったのは1年しかありません。ほかの29年はすべて赤字です。

ところが、倒産を避ける手段を心得た借金の達人よろしく、これまで破綻せずに国家を運営し続けているのです。その典型的な手法が、ドルの価値をみずから下げて、その差額で赤字を補填《ほてん》する方法です。それが延々と続けられています。

たとえば、日本はアメリカの国債をたくさん買って（買わされて）います。

1ドル150円の時代に、アメリカの国債を買っていたとします。現在はおよそ1ドル85円ですから、アメリは差額の65円を払わなくてもよくなるわけです。為替レートの変動により、これだけの未払い分が生じても誰も文句を言わないのがルールなのですから、これを利用しない手はありません。

そこで、アメリカは自国のドルの価値をみずから落として、国の赤字を補填しているとも言えるわけです。つまり、お金の肝である「信用力」を犠牲にして、利益を得ているということです。合法的な借金の踏み倒しと見ることもできますが、お金の額面は守っているので、そこまでの非難にいたることはありません。

このようにお金の額面とはマジックのようなもので、金利や単位などは、国の一存でいかようにも操作できるといっても過言ではありません。

日本は黒字、アメリカは赤字となれば、現在の円高ドル安は当然の成り行きです。加えて、日本はデフレ状態にあり、インフレ率はマイナスですから、たとえゼロ金利であっても、実質の金利はプラスになっているとも言えます。アメリカはインフレ率のほうが金利より高いので、実質金利はマイナスなのです。

お金の本質を考えるうえでは、「実質金利」で見ることが大切です。

まとめ **金利にも表の顔と裏の顔がある、と知っておく**

欧米諸国は日本円の力に頼っている

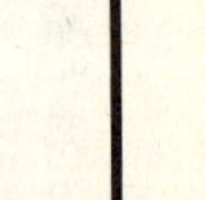

為替の世界を予測することはむずかしい……これは事実です。しかし、長い目で見れば、円高になるのは当たり前のことです。なぜなら、日本は経常黒字なので、国にどんどん富が貯まっていくからです。

為替の動向とは、実に正直なものです。通貨の価値や価格は、短期的にはある程度のブレが生じることはあっても、中長期的に見れば、正当な評価にしたがって変動していきます。その意味で、今後も円高の流れは変わらないでしょう。

◎日本は借金まみれ…のウソ

よく、日本は国として1000兆円を超える国債という負債（借金）がある。これではいつか借金で国が破綻するのではとの危機が喧伝《けんでん》されますが、その一方で海外に貸していたり、保有している資産が約600兆円あります。

つまり、日本には差し引き500兆円の借金しかありません。しかも日本国債の買い手の90％以上は日本人です。したがって、日本国の借金の相手の90％以上は日本人（法人・個人）なので、日本国内でほとんど解決できる問題なのです。

それゆえに日本は、外国の関与なしに自国でデノミネーション（デノミ）や新円切り替えなどによるリセットをおこなっても、経常黒字国のため、その後の運営で立て直しは早いと見込まれます（デノミとは通貨の単位を変更することで、たとえば現在の100円を新しい1円とすることを言います）。

ただし、繰り返しますが、現在のお金は国が発行していますから、国の一存で価値が左右されるリスクがあります。まさに日本銀行券はチケットなのです。イベントが中止になればチケットは紙くずとなります。

2011年の日本の実質GDP（国内総生産）は約507兆円です。日本の借金はほぼ1年分のGDPと同額程度ですから、まともな範囲の借金と考えられます。

アフリカのある国と比べても危機的な状況だと言う人がいたり、日本は破綻寸前だと危機を煽るマスコミなどもありますが、なぜそんな情報を流すのでしょうか。

日本という国の実情を知らないわけはありません。とすれば、その裏には日本の財務を実態以上に悪く見せることによって増税をしたい勢力が存在すると考えるのは私だけでしょうか。

お金持ち日本に群がる諸外国

日銀が通貨を大量に刷ることがあります。これは、刷った通貨のうち、国内での余剰資金が欧米の株式市場に流れたりして、諸外国を救うという意味合いを持っています。たとえば、ドルの資金量をアップさせることにつながります。

信用力の高い日本は、低い利率で借金＝国債の発行をすることができます。国債発行によって得た資金を諸外国に融通すれば、諸外国は低い金利で資金を調達することができるわけです。

キャッシングで言えば、欧米の国々が借り入れるキャッシュを日本が提供しているということ。別の言い方をすれば、キャッシングローンの資金を日本が持っているということです。「お金持ち日本」に多くの国々が群がっているのです。

まとめ 世界の中の日本という目をちょっとだけ持ってみよう

「トリプルA」という格付けの裏側

本来、ギリシャのような行動は許されるはずはないのに、超大国であるアメリカでさえ率先して、同様の手法で経済・財政危機を乗り越えているのが、現在の世界経済です。湯水のようにお金を借りて、国内にばらまいて景気を支えています。

記憶に新しいサブプライムローンの問題なども、十分な収入のない人に低金利で貸せるだけ貸して最後に破綻させたというのが結末です。

そういう結果になることぐらい、貸している側だって知っていたのです。それでも貸して、当座の利益を確保してきたわけです。

サブプライムローンに関しては、返済が不可能と思える人に貸し付けたローン債券の価値が「トリプルA」と評価されていました。なぜなら、債券を発行する発行体がトリプルAの会社だからです。

ただし、その返済原資は所得の低い人の住宅ローンの返済金ですから、担保価値の低いものにトリプルAという高い格付けを与えていたことになります。これをトリックと言わずなんと言いましょう。

トリプルAとは、格付け機関によるその債券を格付けで最上級の評価ということです。こんな理屈がまかり通っていたこと自体が、本当におかしな話です。借りている人たちは所得が低く信用度が低くても、債券をパッケージにして売り出している会社が優良だから、その債券自体も優良だと言っていたわけです。冷静に考えれば誰でもわかる、トリックにもなっていないようなトリックです。

それを日本の金融機関なども数千億円単位で買っていました。

ちなみに、日本の大手金融機関である農林中金や三菱東京UFJ銀行、日本生命などは軒並み大量のサブプライム債券を購入して大損失をこうむっています。有名な金融機関でさえ、その程度のレベルなのです。

トリプルAという表面だけの記号にだまされて買い込み、本当の正体は危険きわまりない住宅ローン債券なのだという本質を見ていなかったわけです。

まとめ

危ないものが危なくないように見せるトリックがある

日本の税金について❶「所得税」は高いの？

アメリカに行って驚いたのは、日本ならとても一軒家など持てないだろうと思われる人でも、ちゃんと持ち家に住んでいることでした。

金融の仕事に携わるようになってわかったのですが、その第一の理由は日本の高い税金にありました。そのため、日本では手元にお金が残らず、家をなかなか買うことができないのです。

日本の所得税は世界で４番目に高くなっています。所得税が高い国のランキングは北欧諸国が上位を占めますが、そのぶん福祉や社会保障が充実しています。日本はどうでしょう。税金だけが高いと感じませんか。

法人税や相続税など、ほぼすべての税金が高くて、そのうえ消費税もあります。所得税の最高税率は40％ですが、その他に住民税が10％かかって社会保険料も10％くらいかかります。したがって年収２０００万円の人の場合、収入の50％以上を税金などで払っていることになります。それでも国は、所得税のみをさして最高税率は40％だと言い張ります。

太平洋戦争後、アメリカ主導による財閥解体がおこなわれました。これは税制から見ると、今後、日本にお金持ちはいらない、一生懸命にものをつくって戦勝国に貢ぎなさいというメッセージとも読み取れます。

一方、欧米などのお金持ちは島国を買収したりして、自分たちに都合のいい国をつくるようなことをしています。沖合の小さな島国を買収して、そこを「タックスヘイブン」「オフショア」と称し、独立国としてまかり通っているわけです。

イギリスの沖合にあるマン島や、イギリスとフランスの間にあるガンジー島などはその典型で、税率はゼロ。そこに置いてある資産は相続税もゼロとなります。つまり、欧米の貴族などはその島に資産を移しておけば、半永久的にキープできるわけです。

◎日本人が海外に資産を移すとしたら…

日本の高い税金を見切りをつけて、海外に資産を移す人が増えていますが、前述したように金融庁は「日本人であるかぎり、どこに資産を持っていても、日本と同じ税金をかける」というスタンスを崩していません。

たとえば、株式や投資信託の税率は利益に対して10％で、やがて20％になると言われています。ですから、海外で儲けても株式などは20％の税金がかかります。

これが、先ほど書いたオフショアやタックスヘイブンと呼ばれる税率の低い国では0％なのです。つまり、海外の一部のお金持ちは、資産運用で儲かったお金に対して税金を払っていません。

日本ではあまりにも情報が制限されていて、優良な金融情報が出まわっていません。日本の金融機関が政治力を持ちすぎていて、護送船団方式を守るため、自分たちに都合のいい情報しか開示しない構造ができあがっているからです。

一般の方も国が発表するものを鵜呑みにするだけではなく、もう少し視野を広げて、海外にある優良な商品に目を向けるべきだと思います。税金さえ払えば、8割から9割のお金は残るわけですから、優良な金融商品の情報を得て、積極的に海外での投資をおこなうのも、資産を増やすひとつの方法だと思います。

まとめ　海外の優良な商品にも目を向けてみよう

日本の税金について❷「相続税」で、年収1億円でも…

日本は相続税の最高税率が50％ですから、50億円の資産があっても次の代には25億円、その次の代は、また半分の12億5０００万円とどんどん減っていきます。

よく言われるように、３代で資産が消えてしまうのは当たり前なのです。

海外の会社には、創業家が何代も続いている優良企業が数多くあります。日本では相続税の仕組みから、それは不可能です。あのトヨタの創業者一族にしても、どれだけの株を持っているかというと、２％くらいだそうです。一族が優良会社をずっと維持していくことは、日本ではそれほどむずかしいのです。

アメリカから日本に帰ってきたとき、私は不思議に思いました。みんな一生懸命働いているのに、なぜ楽に暮らしている人が少ないのだろうと。その最たる原因が高い税金にあることを、金融の仕事に携わって初めて理解できました。

たとえば、年収1億円の人はすごい高収入に思えますが、手取りは４０００万円ちょっと、つまり半額以下になります。1カ月で考えれば４００万円。その気になれば、すぐに使えてしまう額です。都心のオシャレなタワーマンションを借りれば、その半分はなくなってしまう程度の額にすぎません。

そして、それだけ高い税金を払い、残った手取りのお金をコツコツ貯めていても、最後には相続税でしっかり持っていかれてしまうのです。

2011年3月の東日本大震災後、国内が大変な最中の話です。日本は2011年1月から6月の間に、ヨーロッパの金融安定を図ることを目的にヨーロッパが発行したEFSF債という債券を、27億ユーロ（1ユーロ100円として2700億円）も購入しています。

この債券発行で得られたお金は、おもにアイルランド、ポルトガルの資金支援に使われたと言いますが、私たちの税金以外のなにものでもありません。ヨーロッパを救済している場合ではないはずなのに、です。これでは、いまだに敗戦国の姿そのものと言わざるを得ません。

まとめ

国内ばかりに目を向けていないこと

各国が湯水のごとくお金を刷っている、という末期的症状

リーマンショックに見舞われた2008年秋に株価は暴落しましたが、少し遅れて不動産価格も暴落しました。株価と不動産価格は連動します。株価も不動産価格も、オークションと同じです。買う人が減って手控えが起こると、価格は下がります。

たとえば、2008年と2009年を比べると、4000万円のマンションなら物件によっては1000万円以上も下落しています。リーマンショックを境に、マンション価格はスーパーの安売りセールと変わらないような状態になっています。株価や不動産価格は動きやすいものですから、株を買う場合はタイミングがとても大切です。現在、株式市場が持ちこたえている理由は、世界中の中央銀行がお金を刷って、通貨量（マネーサプライ）を増やし、その一部が株式市場に流れ込んで上がっているからにすぎません。

こうした株価操作のような手法にも、いつか限界がきます。そのときに起こる

のが株価の暴落です。暴落と言っても、ドカンと下がる場合もあればダラダラ下げる場合もあります。どちらにしろ、本来の値段に戻るだけの話なのですが、不動産と株価は連動しますから、株価が下落すれば不動産価格も下がります。

◎「国が潰れる」こともあるという認識を持つ

日本や欧米各国のお金を刷るペースを見ると、ここ2、3年だけでも過去数十年の量をはるかに超えています。

金融政策に関して、アメリカでは「QE1」とか「QE2」、あるいは「QE3」などと言われますが、このQEはドルを大量に刷るプロジェクトのことです。つまり、大量にドルを刷って、市場に注入しようということです。アメリカのQEに対して、日本では量的緩和という言葉を使っています。

ヨーロッパでは2011年の12月以後、公表値だけでも日本円にして累計100兆円を超えるお金を刷って市場に投入しています。これは恐るべき量です。

欧米がそうした状態にあるため、当然、日本は否が応でも協力させられます。よく日銀が「量的緩和をする」という情報が流れますが、これはお金を刷って通貨量を増やすことにほかなりません。

２０１２年の春に、国債買い入れなどをおこなう基金55兆円を10兆円増額することを決定しましたが、これも量的緩和の一例です。

こうした状況の背景を考えると、いかに世界経済が傷んでいるかがわかります。

これまで国は潰れないというのが常識でしたが、これからは国も潰れるのだという認識を持つ必要があります。これからは国に頼っているだけではお金を守ることはできないのです。

まとめ
国に依存してはいけない！

国家的な規模で展開される金利のワナ

一部では知られていることですが、日銀が「円売りドル買い介入」をするときは、実はアメリカがお金を必要としている時期と一致しています。

ドル買いとは、円とドルを交換する。つまり、ドルを買って円を渡すということです。日銀は価値の不安定なドルを買って、価値の安定した円をアメリカに送っているにすぎないのです。

現在、円高が悪いような風潮がありますが、過去の歴史を見ても、その国の通貨が強くなって国が傾いた例などありません。逆に、円安になると、とくに日本のように資源を輸入している国は大変です。円高だからまだ安く資源を買えるのですから。しかし実際には、円高を止めるという名目で円売り介入をしています。

1ドル360円時代に比べれば最近は約80円（2012年12月）で約4倍も円高が進んでいるのに、日本の国の黒字は拡大してきました。また日本の輸出額はGDPの約14％（2011年）なので、マスコミが騒ぐほどの影響ではないのです。

◎ゼロ金利で損をしている日本国民

日本には預貯金が700兆円あると言われています。かりにその金利を1%としたら、7兆円の金利収入が毎年、国民に行き渡ります。

ところが、現状はほぼゼロ金利ですから、日本人は毎年7兆円を得る機会を失っているわけです。本来、もらえるはずの金利をもらえないのがゼロ金利です。

それで誰がいちばん得をしているのは外国人であり、いちばん損をしているのは日本人です。なぜなら、ゼロ金利の日本円を外国人が安く調達し、その資金を使ってより利回りの高い投資にまわす手法を「キャリー・トレード」と呼ぶのですが、ゼロ金利の日本円は非常に都合のよいお金なのです（それを国単位でおこなう代表格がアメリカです）。

その反面、莫大な日本の預貯金をできるだけ海外に流す目的で、外貨預金や海外の債券をすすめることは、すなわち日本の資産を海外資産に移すことを意味します。

ゼロ金利に慣らされている日本人が、金融機関のPRに乗って金利の高い外国に円を移そうと考えても不思議ではありません。いまでこそアメリカもゼロ金利になっていますが、少し前までは日本より金利は高くて、円の外貨預金を呼び込もうとしていました。高い金利で釣ってドルを買わせていたわけです。

これは、アメリカにすれば一石二鳥でした。ドル紙幣を刷りさえすれば、アメリカの国債やドルが日本人に買われ、円が飛び込んでくるわけですから。アメリカはドルの価値を戦略的に落として、何十年もかけてドル安にもってきました。

アメリカには紙幣を刷って発行できる「基軸通貨」という特権があります。金や石油、物の値段の大半がドルで値付けがされているため、値札としての需要が必ずあります。それを盾にしてこれまで世界のマーケットを牛耳《ぎゅうじ》ってきたのです。

ゼロ金利でいちばん損をしているのは日本の国民です。世界最強の通貨を持っている国の国民が一番損をしているのは滑稽《こっけい》ですが、これは、アメリカをはじめとする外圧のせいだと思います。そして、外圧の意向に沿って動くマスコミや金融機関、政治家などがいることを覚えておいてください。

まとめ

その国の通貨が強くなって国が傾くことはありません

どんな変化にも対応できる知識と体力を養おう

話が少しむずかしくなったので、ここまで述べてきたことを簡単にまとめてみましょう。

まず、お金の正体とは何かということです。お金は信用なくしては成り立ちません。つまり、信用そのものなのです。

お金の背後には安定した価値の保証があります。私たちはそれを信じて資産を蓄え、運用しています。しかし、欧米を中心に世界の国々が信用そのものを無効にするような金融政策をとっているとすれば、どうなるでしょう。

私たちの資産は安定的な価値によって守られています。ところが、それを脅かす悪意ともとれる政策がとられています。それが日本でいうところの金融緩和です。

現在、湯水のように中央銀行がお金を刷って、市場に次々と注入して、意識的にインフレ率を高めています。貨幣価値の目減りが日々起こっているのです。

こうした状態は戦後一貫して続いてきた管理通貨制度への挑戦であり、その崩壊を招くものにほかなりません。もし大国を中心に、国をあげて管理通貨制度を終わらせるつもりだとすれば、現在の金融政策の方向性が見えてきます。海外からときおり聞こえてくる金本位制が、その証拠になるかもしれません。

たとえば、2011年の初めにメキシコが大量の金を買いました。その目的は、アメリカとカナダを含めた三カ国で「アメロ」という通貨を創設して、新たな経済圏をつくろうという動きに対応するためだとか、あるいは「ペトロドル」という通貨をアメリカが考えているという都市伝説のような話もあります。

いずれにしても、多くの国が金を仕込み始めているということは、なんらかの裏事情があると考えるのが正解だと思います。

もし私がアメリカ国だったら、いまのうちにできるだけ多く借金をしておこうと考えるでしょう。そして、最後に米ドルを暴落させて借金棒引き、「ご破算」にしてしまうわけです。まさに国の個人破産です。

アメリカは世界一の金保有国です。金本位制は、金を多く持っている国がそれだけ多くの通貨を製造、流通させることができる制度ですから、アメリカは圧倒的に強い立場に返り咲くことができるのです。

危ない金融商品にはだまされない

そして、私たちの実生活に目を移すとき、多くの危険な金融商品があることに気づきます。

日本人は当たり前のように、高金利の金融商品を良いものだと考える傾向があります。しかし、よく考えてください。良い商品なら金利を高くしなくても人は買います。高金利なのは品質が悪いからなのです。危ない高金利商品として、さまざまなファンドや外貨預金、債券などを紹介しました。

日本の銀行員や証券マン、保険の外交員の多くは張りめぐらされた悪意のワナのようなものに気づかず、あたかも良い商品であるかのように、危険きわまりないファンドなどをすすめることがあります。

ほとんどの金融機関の営業マンは気づいていないのですが、金融機関の経営トップの人たちはすべて承知のうえで、部下にその販売を指示していたりします。

海外の機関投資家の能力の高さに比べて、日本のそれはあまりに貧弱なのが現実です。

では、どうすればいいのでしょうか。

なにより大切なのは、裏事情を察することのできる眼力を身につけることです。そして、一見、高金利のファンドや外貨預金の勧誘などにだまされることなく、みずからの資産をうまく運用する手段を選択してください。

誰もあなたの身を守ってくれません。みずから守るしか方法はないのです。

◎「銀行や郵便局に預貯金しているだけ」というリスク

私のセミナーに来られる方には、年収300万円から1000万円くらいで、こつこつと貯金してきて、ある程度貯まっている。ただし、すべて銀行や郵便局に預貯金をしているという人が、よくいます。

このタイプの人は、お金に対するリスクを負うことを拒否しているのです。とにかく安全指向で、銀行に預けていれば大丈夫だと信じています。

ところが実際には、ただ預貯金しているだけというのは、日本政府が発行した日本円に一極集中投資をしているのと同じなのです。

確かに世界的に見て、日本が財務的に強い国であることは間違いありません。しかし現在、欧米諸国が危機的状況に陥っているのを見ると、日本が一蓮托生で大きなダメージを負うことも十分に考えられます。その場合は、長年こつこつと貯めてきた預貯金が大きく目減りする可能性があるのです。

現在はそんな状況にあることを知っていただくため、この章では少しむずかしい話も紹介しました。それは、大切なお金を守るためにはとても重要なことだからです。

まとめ

安全志向が安全ではない時代だと肝に銘じましょう

第1章

第2章

第3章

第4章

第5章

お金がどんどん貯まる人の法則

貯金を3つに分ける

お金を貯めるために、知っておきたいポイントがあります。たとえば、私がセミナーでよくお話する「貯金には大きく分けて３つ種類がある」ということです。ひとつめは「短期の貯金」で、これは言わば緊急の予備資金で、いざというときの支出に備えておく貯金です。とっさの場合、すぐに使えるようタンス預金や銀行の普通預金が向いています。

金額は１カ月の生活費の最低３カ月分、できれば６カ月から９カ月分をめどにするといいでしょう。１カ月の生活費が15万円なら、45万円から１３５万円です。この程度の貯金があれば、急病や事故で入院しても安心です。

２つめは「中期の貯金」で、これは目的がはっきりしたものに使うための貯金です。たとえば、マンションを買いたいので頭金を貯金しているとか、車を買いたい、子どもの入学金を貯めているといったケースです。中期の貯金は目的を果たせないと大変ですから、元本を割らない金融商品での運用が望ましいでしょう。

必要な時期がはっきりしていれば、その時期が満期となる定期預金もひとつの方法です。

そして最後が「長期の貯金」で、これは言わば老後の生活資金です。ただし、この長期というのがくせもので、長い間にお金の価値は目減りしてしまうことを認識しておく必要があります。

たとえば、40年前のラーメン一杯の平均的な値段はいくらだったと思いますか。北海道の函館市では、当時30円くらいだったそうです。いまが600円くらいとすると、実に20分の1です。

これが意味するところは、昔は1万円で買えた物が、いまでは20万円出さないと買えなくなったということです。それだけお金の価値が落ちてしまったのです。

家電製品のように技術の進歩により価格が下がる物もありますが、基本的には長い間にお金の価値は下落してしまいます。これが、お金の価値が目減りするインフレと呼ばれるものです。そこで長期の貯金は、インフレ率を上回る利率での金融商品で運用する必要があります。

また、日頃から倹約を心がけて毎月可能なかぎり貯金にまわすという方がいます。とても立派な生活スタイルなのですが、すべて銀行の普通預金か郵便局の普通貯金に預けていることが多いのです。

短期・中期・長期の3種類に分けるという発想を持っていれば、短期の貯金は緊急の際の予備資金なので、最大1カ月の生活費の6カ月がめどになります。毎月の生活費が15万円なら90万円あれば大丈夫でしょう。この金額は出し入れが自由にできる普通預金にしておいてください。

たとえば500万円の貯金があれば、短期の貯金はもう十分な金額に達しているのに、すべて普通預金に預けていてもメリットはありません。

短期だけではなく、「中期の貯金」や「長期の貯金」というお金の色分けの視点を持って、よりお金持ちに近づくお金の貯め方を身につける必要があります。だからこそ、「貯金には大きく分けて3つ種類がある」ということを知ってほしいのです。

「自分は貯金をしっかりしているから」と、普通預金にすべてを預けて安心している人はいませんか。

貯金には3つの種類がある

短期の貯金

- 緊急の予備資金、いざというとき（入院など）の支出に備える貯金
- 向いているのは…タンス預金や銀行の普通預金
- 金額のメド…1カ月の生活費の最低3カ月分
  （できれば6カ月から9カ月分）

例 1カ月の生活費が15万円の場合＝45万円～135万円

中期の貯金

- 目的がはっきりしたもの用の貯金

例 マンション購入の頭金、車、子どもの入学金など

- 向いているのは…元本を割らない金融商品での運用が望ましい
  目的の時期が満期となる定期預金

長期の貯金

- 老後の生活資金確保が目的
- **注意！**
  長期にわたるとお金の価値は目減りすることがあるので要注意
- 向いているのは…インフレ率を上回る利率の金融商品で
  運用する必要がある

銀行の普通預金や郵便局の普通貯金に全額を預けて「貯金はしっかりしている」と安心してはいけない！

お金の使い方にはその人の性格が顕著にあらわれる

お金は私たちの人生において切り離すことのできない重要な存在です。お金とともに右往左往したり、人生で冒険したりするのです。

どのような形でお金とかかわっていくのか……そこには、その人の人生そのものがあらわれると受け止めることもできます。とくに、お金とのつき合い方では、その人の性格が顕著にあらわれると言えます。お金を貯めるためには、自分の性格にはどんな運用方法が相応《ふさわ》しいかを知っておきべきです。

私の会社ではマネーセミナーを参加された後、個別カウンセリングを希望された方に「カウンセリングシート」を渡して、質問事項に答えてもらいます。シートには基本的な情報のほかに、その人の性格の傾向を確認する質問も含まれています。これは、性格に合わせて、よりその人にマッチした資産運用をアドバイスする判断材料にするためです。

175ページのように、たとえば、「市場全体が25％下落し、ご自身の保有株式も25％下落した場合、どうしますか」という質問があります。答えは、「すべて売る」「一部を売る」「何もしない」「安価なのでさらに買う」から選んでもらいます。ほかにも、「運用資産が元本割れすることが非常に気になりますか」という質問もあります。

前者の質問に、「安価なのでさらに買う」を選んだ方や、後者の質問に「まったく気にならない」と答えた方は、「アグレッシブな性格」と判断するわけです。

実際に購入した金融商品が暴落したときに、「なぜ、こんな危険な商品をすすめたんだ」と苦情を言ってくる人がいます。そのため、ルールの厳しい国々では、ヒアリングの際の問答を証拠として残しておいて、トラブル防止に努めています。

金融立国の香港はとくにルールが厳しくて、全業者がカウンセリングの際のやりとりをすべて保管しています。日本の金融機関では、まだまだ投資信託の分配金と預貯金の金利を混同させるようなことを現場で話しているレベルですから、金融のレベルの高い国から見ると、まさに月とスッポンです。

お金とのつき合い方、5つのタイプ

私の会社では、顧客のタイプを香港の基準をベースに5種類に分けています。

- アグレッシブ
- 少しアグレッシブ
- バランス型
- 少し保守的
- 保守的

カウンセリングシートの質問事項によって、どのタイプに属するかを割り出します。個々人の長所や短所もある程度把握できますから、さまざまなアドバイスも可能になります。

たとえば、アグレッシブにお金儲けを考える人は、どちらかと言うと面倒くさがり屋が多いように思われます。

いろいろな商品に分けて細かく投資するのではなく、自分が「これだ」と思ったものに傾倒、没頭してしまう傾向が見られます。一極集中型の投資をする傾向があり、一度「これだ」と思うと、どんどんはまってしまうわけです。

自分がどのタイプの人間かを、他人を観察するように把握できれば、そうした失敗を起こす可能性は低くなることでしょう。経済の世界に裏があるように、自分にも裏があることを理解しておきたいものです。

アグレッシブな人が一極集中型の投資を好む根源には、すぐ結果を求めるせっかちさや欲深さがあるようにも思われます。良くも悪くも欲望の強いため、人にだまされたり、詐欺に遭いやすいタイプなので注意してください。

「買ってから、わずか2カ月でこんなに配当がきた。5年も続けば大儲けだ」というふうに妄想が膨らみ、どんどん買い込んでいきます。極端な言い方をすれば、破産への坂道を駆け足で下っているようなものです。

I

自分のタイプはどれだと思うでしょうか

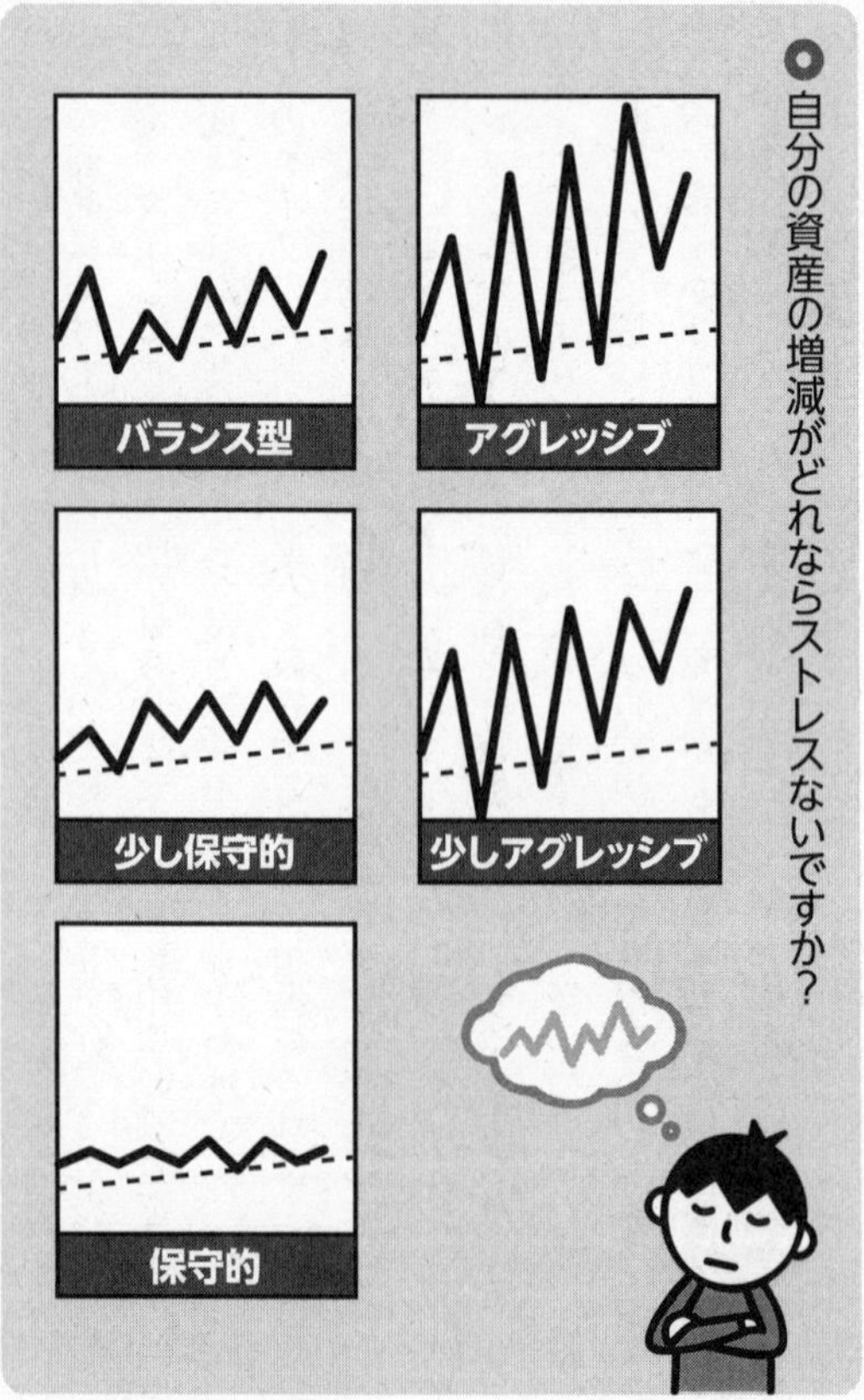

Ⅱ あなたのタイプがわかる5つの質問

質問	強く賛成	賛成	反対	強く反対	点数
運用資産が1年の間に25％増減しても気にならない	7	5	2	1	
運用資産が一時的に下落した場合、安く購入するチャンスと考える	7	5	2	1	
運用資産が元本割れすることが非常に気になる	1	1	4	7	
利息性商品の方がキャピタルゲインを狙う商品よりも好ましい	1	1	4	7	
運用資産が短期間に上昇や下落をしても安心して眠れる	7	4	2	1	
合計					

診断結果は次ページに…

診断

29～35点	➡	アグレッシブ
22～28点	➡	少しアグレッシブ
15～21点	➡	バランス型
8～14点	➡	少し保守的
7点以下	➡	保守的

Ⅰで思っていたタイプと同じだったでしょうか？

合っていたなら、自分で自分の性格をちゃんと理解しているということ。

「バランス型だと思っていたけど、アグレッシブだった！」などという方、自分は大丈夫と思っていたのに、気がついたら高利回りの金融商品にうっかり引っかかってしまうことなどがあるので気をつけてください。

また、アグレッシブだと思っていたけど案外保守的だったという方もいるでしょう。こちらは目先のお金にひっかかることはないかもしれませんが、思ったようにお金が殖えなかったりします。

自分のことをきちんとわかっていない人のほうがお金との付き合い方でも失敗をしがちです。

では、次にタイプ別にお金との上手な付き合い方を説明していきましょう。

◎財をなす人が多い「アグレッシブタイプ」

5つの性格のパターンに合わせて、運用の仕方もそれぞれに考えられます。アグレッシブで一極集中型の方の欠点を紹介しましたが、実は財をなす人のタイプにはアグレッシブな方が多いのです。

叩かれ強いと言いますか、いくら叩かれても何度も這い上がってきて、いつかは夢を実現するわけです。もちろん、その人次第なのですが。

アメリカではベンチャーキャピタルなど、創業したての会社に投資するような金融機関では、一度は破産した経験のある経営者でなければダメだということわざがあるくらいです。失敗を糧にして這い上がるくらいの人が求められているのも事実です。

よく言われる話ですが、日本では一度失敗すると負け組のレッテルを貼られてしまいますが、ウォーレン・バフェット氏やアップルの創業者スティーブ・ジョブズ氏など、投資や経営の達人は一度や二度、もしくはそれ以上の失敗をくぐり抜けて、見事に成功しています。すべてを失う屈辱を乗り越えてこそ一流という考え方が欧米にはあります。

少しアグレッシブ

調子づくとアグレッシブへ、痛い目に遭うとバランス型に変化するポジションです。

ベースがアグレッシブなので、運用資産の一部にハイリスク・ハイリターンのものを組み込まないと満足できないでしょう。リスクをとれるタイプなので、短期的な運用成績に一喜一憂しないようにしましょう。

バランス型

中道をいくタイプなので、アグレッシブなものと保守的なものを半分ずつもつことを好みます。性格的には焦ったところはないので、じっくりと運用を続けることができます。攻めに強い資産と守るための資産の両方を全体的に観るという意識をもつとよいでしょう。

◎少し保守的

基本的に慎重なので運用で冒険は好みません。ややもすると全くリスクをとらない傾向にあるので、資産が預貯金に偏るリスクがあります。預貯金のみだとインフレに負けてしまうので、資産の一部にアグレッシブなものを組み入れる勇気が必要となります。

◎保守的

保守的すぎる人にも注意すべき点があります。それは、国の言いなりになったり、かぎられた国内の情報にどっぷり浸かってしまうことです。

銀行員にすすめられるまま、1億円の資産があれば1000万円くらいは海外の金融商品を買っておこうと考えたりします。しかし、世界でいちばん安定して信用度の高いのが日本円ですから、なにも無理して外貨に動かす必要はありません。

ただし、それは通貨の世界の話で、通貨以外により安全な投資対象もあります。

お客様のお金を動かして必ず儲けるのは金融機関です。大手金融機関の看板を無条件に信じるのではなく、そうした点に注意がいくようにしてください。

☆

年収の多い少ないにかかわらず、5つのタイプのどれに自分があてはまるかは意識しておく必要があります。

たとえばお金を預ける先には、少しリスクをとる必要がある金融商品とリスクが低いタイプの商品があります。

積極的な運用資産と保守的な運用資産に預ける割合を、「アグレッシブ」「少しアグレッシブ」「バランス型」「少し保守的」「保守的」の順に「7：3」「6：4」「5：5」「4：6」「3：7」とするのが基本となります。

積極的な商品とはヘッジファンドや株式、不動産などです。

保守的な商品は債券や預貯金、あるいは金（ゴールド）等の貴金属もそれにあてはまります。

もちろん、積極運用資産だからといって、現在のような不況の時期には、一般の株式を多く組み込んではいけません。不況の時代には、一般の株式は値上がりしません。それでも不況の時期にも強い業種がありますので、十分に調べる必要があります。不動産や債券、貴金属も同様です。

時代をしっかり読んで判断するという概念を持つことが、積極的であろうと保守的であろうと、金融商品を選ぶ際には求められます。

毎月、一定額を貯められる仕組みをつくる

この本をお読みの方でいちばん多いのは、「そこそこの収入はあるけど、なかなか貯金が増えない」という人ではないでしょうか。

ちょっとお聞きしましょう。あなたは少しお金が貯まったらどうしていますか？「少し貯まったら、ついつい使ってしまう」クセはないでしょうか。

そして、このような人には2つの特徴があります。

ひとつは、お金を貯めようと力んで、そのストレス発散のため、旅行や買い物でお金を使ってしまうということ。もうひとつは、お金が使いやすい場所（環境）にあることです。つまり、すぐに下ろせる口座にお金が入っているわけです。

●自動的に貯蓄にまわせるような仕組みを活用する

たとえば、手取り20万円の給料が銀行口座に入金されたとします。この20万円は自分で好きなように使えるお金です。

一部は貯金にまわしたほうがいい、しなくちゃいけないと、頭ではわかっていても、「20万円もある」「全部使ってもいい」という深層心理が貯金しようとする意欲を邪魔するのです。

こうした意識を貯蓄ベクトルへと方向を変えるためには、ストレスなくお金を貯める方法を身につけることと、お金を使いづらい環境をつくることが必要でしょう。

そのためには、収入のうち何割かを自動的に貯蓄にまわせるような仕組みの金融商品が最適です。「気がついたら、いつのまにかお金が貯まっていた」が望みであれば、この方法がもっとも効果的です。

具体的には、振り込まれた給与を、口座引き落としで自動的に貯蓄にまわるような方法をうまく活用することです。そして、その口座は簡単にお金がおろせる銀行口座のようなものではないことが大事なポイントです。

「えっ、そんなこと？」と思われるかもしれませんが、この手のタイプの人にはかなり効果的です。そうすれば、あとに残った残高しか使えませんから。

手取りが20万円として貯蓄に2万円まわしていれば、初めから18万円しか手取りはないという意識を植えつけることができます。この方法なら、ストレスなく貯蓄することができます。

このような貯蓄商品には、ある一定期間を過ぎる前に解約すると不利な商品があります。例えば、定められた時期の前に解約すると、手数料が余分に取られる仕組みになっています。

そこで、「解約すると損する！」という点だけしっかりと頭に叩き込んでおけば、おいそれと解約する気にはならないはずです。

ただし、貯蓄するにしてもその中身が大事です。すでに十分な緊急予備資金をお持ちの方であれば、それ以上預貯金の割合を増やす必要はなく、インフレに負けない金融商品でお金を育てていくことがポイントとなります。

「お楽しみ口座」を作って自分へのご褒美を

お金を貯める習慣を身につけるためには、預金口座をいくつかに分けて賢く利用する方法もあります。

まずは、毎月給料が振り込まれる口座。そこからは毎月の家賃や食費、生活費を支出します。

次に、給料から強制的に貯蓄にまわされる「長期の貯金」のための口座。自動的に運用にまわることで、初めからそのお金はないものとして貯金していきます。

そして、その口座とは別に、「中期の貯金」用の口座を用意します。これを、私は「お楽しみ口座」と呼んでいます。

このお楽しみ口座には、倹約してその月に貯金可能となったお金やボーナス時にある程度まとまった金額を貯金します。

そして、年に1回、2回の海外旅行を楽しみにしているのなら、その資金にあてます。大きな買い物をする人もいるかもしれません。使い道は人それぞれで、いろいろあることでしょう。

たとえば、毎月1万円をお楽しみ口座に入れ、ボーナス時には10万円入れるとします。すると半年で16万円、1年なら32万円になります。

このお金を半年単位で旅行や買い物を使ってもいいですし、1年分まとめて使ってもかまいません。もちろん、全部使う必要はありません。残った金額はそのまま貯めて、翌年以降に大きく使うという方法もあります。

要は、ひとつの口座からすべてのお金を使うのではなく、目的別に口座を使い分けることです。生活費を支出する口座、お楽しみのための口座と分かれているだけでも、なんとなくお金がなくなる……という悪しき習慣から脱することができるはずです。

◎目標達成でプチ・プレゼントを

ある程度のレベル以上の運動選手は、よい意味で自分をだます方法を心得ています。たとえば減量で苦しんでいるボクサーは、予定どおりのトレーニングやカロリー制限がされた食事を1週間こなせたら、クッキーをひとつ食べることを許すというように、自分自身に対するインセンティブを上手に活用しています。

1週間にクッキーをひとつくらい食べても、たいしたカロリーにはなりません。減量に大きく影響することはないのですが、そのクッキーひとつが幸せな気分にしてくれるのであれば、減量のストレスはすごく軽減されます。

お金を貯める際も同じです。目標の貯金額を達成したときに自分にプチ・プレゼントするのはどうでしょうか。その際には「お楽しみ口座」を使うのです。目標の5万円を達成したら3000円の買い物をしてもいいでしょうし、その3000円を6回分貯めて、1万8000分のちょっと高い買い物をしてもいいかもしれません。

この程度の努力や工夫もせず、行き当たりばったりで暮らしている人も多くいますが、それもある意味、仕方がないことかもしれません。なぜなら、生まれてからいままで、お金に関する教育を受けたことのある人はほとんどいないからです。

年収・貯金額別、お金の貯め方アドバイス

ここから、少し具体的なアドバイスを紹介してきます。現在の自分の貯金金額と年収をもとに参考にしてください。

●貯金ゼロ、毎月の貯金もゼロの人

いま現在、貯金はまったくなく、毎月決まった金額を貯金する余裕もない人です。このタイプの人は、なにより毎月貯金をすることを意識する必要があります。収入の中からなんとか貯金するお金をつくりだすのです。

そのためには家計の改善を図るか、収入を増やすしかありません。

ここで、収入をどのような割合で支出するのが望ましいか紹介します。

まず貯金の基本は、給料の20%を貯金にまわします。たとえば、毎月の給料が額面25万円、手取りが20万円ちょっとくらいなら、4万円になります。

固定費と変動費は、それぞれ給料の30%以内に抑えるようにしましょう。

固定費とは、家賃や電気・ガス・水道などの光熱費、（生命）保険料など、毎月の金額がほとんど変わらずに出ていくお金です。変動費とは、食費や交際費などになります。これは、極論するとゼロにすることも可能な支出です。自分次第で出ていく金額を変えることができるお金です。

そして、残りの20％が会社でいう研究開発費、個人なら自己啓発にあてるお金となります。

この配分が収入金額の多い少ないに関係なく、基本のバランスとなります。

現在、貯金がまったくないという人は、まず3つの貯金のうちの「短期の貯金」をつくることを目標とします。その場合、自己啓発にあてる金額は20％ではなく抑えめにして、できるだけ早く、毎月の生活費の3カ月分のお金を貯めます。

緊急時の予備費が最低限貯まったら、それを6カ月分まで増やしながら、自己啓発にもまわして、自分に投資するようにしましょう。

ここで忘れてならないのは、なにか資格を取る勉強をしたり、セミナーを聞いたりすることだけが自分への投資ではないということです。仕事とは、お金をもらいながら、自分を向上させてくれるものです。仕事そのものが究極の自己啓発なのです。

いま現在の仕事に一生懸命に取り組むこと、いやいやではなく楽しく仕事をすることが、結果的にお金を貯める近道となります。いまの仕事を会社が満足するくらいのレベルまでできるようになったら、より収入の高い仕事のオファーがくるかもしれませんし、なによりも会社がより高い待遇を考えてくれるはずです。

●年収250万円で貯金が200万円、毎月3万円貯金をしている人

年収250万円くらいで、私のセミナーにもよく参加される層です。毎月の手取りは20万円くらいでしょう。

生活費の配分は前述したパターンと同じですが、このタイプの人のポイントは、現在の貯金200万をバランスよく増やしていくことと、毎月の貯金額を手取り20万円の20%、最低4万円から、もう少し増やすことになります。

毎月の貯金額を増やす方法としては、毎月強制的に貯金にまわす金額を増やす、あるいは「お楽しみ口座」を上手に使って、楽しみながらストレスなく金額をアップしていきます。

毎月の生活費を15万円とすると、6カ月で90万円。貯金が200万円あるということは、「短期の貯金」の目標はすでにクリアしています。

そこで、200万円から90万円を引いた残りの110万円は、「中期の貯金」「長期の貯金」にまわします。中期と長期にまわす割合は、人によって違ってくるでしょう。

中期の貯金の目的としては、旅行資金や大きめの買い物などが考えられます。1000万円以下の預貯金は、万が一、金融機関が破綻してもペイオフによって全額が保護されているので、金利の高いネット系の銀行に預ける方法もあります。いまではネットを使えば、簡単に金利が調べられます。

また、長期の貯金として生命保険、年金、医療介護保険に加入していると、年末調整の保険料控除での還付金を活用して利回りを10％以上とすることも可能となります。節税の方法としてもいいでしょう。商品そのものは長期の貯金となり、還付金はおまけのお金とすることができます。

いずれにしろ、もう少し収入をアップさせるためにも、自己啓発にまわす分をしっかり確保して、将来への投資も忘れないでください。

・年収500万円で貯金が200万円の人

年収500万円くらいという、「ある程度の収入はあるけど、なかなかお金が貯まらない。ついつい使ってしまう」というタイプの人です。

収入があるということは、それだけ仕事上のストレスが多いことを意味します。そのストレスを解消するため、ついお金を使ってしまうのでしょう。

その結果、毎月の貯金額も3万円くらいと、年収250万円くらいの人と変わらず、結局、貯金も200万円くらいしかありません。

まずは、毎月の貯金額を最低6万円とします。現在の2倍です。

このくらいの収入がある人は、キャッシュフローが多くなっています。つまり、毎月たくさんのお金が入ってきて、たくさんのお金が出ていくわけです。収入があるため、少しくらい使っても大丈夫と甘くなっている可能性が高いのです。

そこで、支出のチェックすることで、支出の改善方法がいろいろ見つかるでしょう。たとえば化粧品や衣服への出費が、自分が思っている以上に多かったりします。

また、貯金も毎月ではなく、ボーナス時にだけ貯金していたりします。そういう人は何度も言いますが、毎月強制的に貯金にまわすようにしましょう。ボーナスの使い方も、自分のお楽しみに使う部分と貯金にまわす部分の割合を考え直します。

いずれにしろ、キャッシュフローがある程度あるので、貯金を増やす方法はいろいろと考えられます。

貯金が200万円あれば、短期の貯金はクリアできていると考えられます。そこで中期の貯金の目的として、お楽しみ口座だけではなく、将来のマンション購入を想定しての頭金作りもいいでしょう。

マンション購入を5年後と考えているのであれば、毎月の貯金4万円のうち2万円は、普通預金ではなく満期の時期を考えて定期預金にまわす方法もあります。

お金 貯め方アドバイス

毎月の支出の割合　～収入金額に関係ない「貯める基本」バランス～

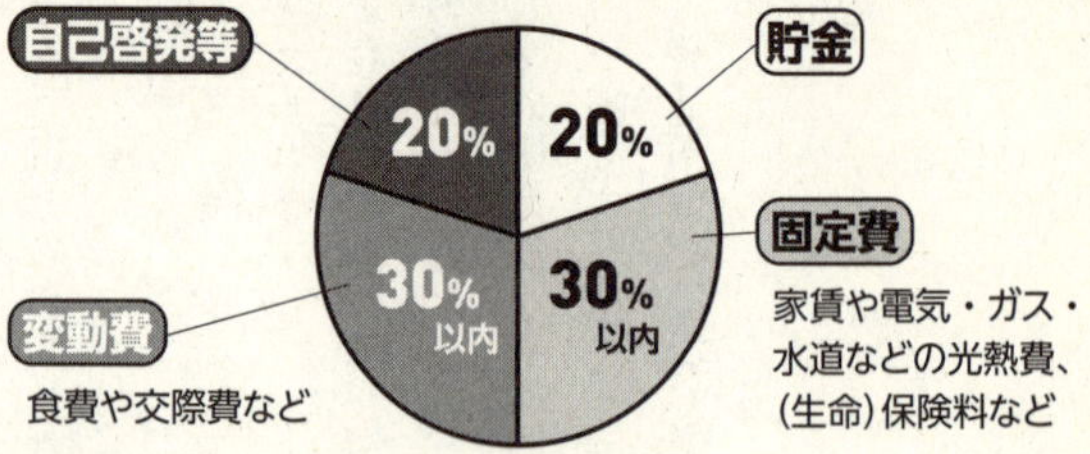

貯金ゼロ、毎月の貯金もゼロの人

- 毎月「貯金をする」を意識せよ!

例 給料が額面 25 万円、手取りが 20 万円なら → 4万円貯金

- 目標 …「短期の貯金」づくり。
  ⇒できるだけ早く毎月の生活費の3カ月分を貯めよう!

年収250万円で貯金が200万円、毎月3万円貯金をしている人

- 貯金をバランスよく増やす & 毎月の貯金額を少し増やせ!
- 「短期の貯金」の目標は○。「中期の貯金」「長期の貯金」を意識

年収500万円で貯金が200万円の人

- ストレス解消のお金を使いがち
- 支出内容をチェック & 支出の改善方法を見つける
- 「中期の貯金」の目的を見つける（マンション購入の頭金作りなど）

ストレスなくお金を貯める方法

お金を浪費したり衝動買いしたりする人は、何が本質的な問題かといえば、普段からストレスがたまっていることです。

日常生活に不満や不安があるため、それを押さえきれず、あるいは解消するひとつの手段がお金を使うことになっているような人には、「こづかい帳をつけましょう」「クレジットカードを使ったらその分の現金を用意する」などのテクニック論をあれこれアドバイスすることは、ある程度有効ではあります。

しかし、そもそもの根本原因の解消にはなっていません。

私のマネーセミナーに来る方にも、ついつい買い物に使ってしまうという人がよくいます。原因はやっぱりストレスです。

とすれば、日常いかに幸せに安定した気持で生活することが、そのいちばんの予防策となります。

かといって、いま現在の仕事が急にストレスがなくなる、急に楽な仕事になることは、まずあり得ません。この本で紹介してきたように自分ブランドの構築が大切になります。

また、本当に切り詰めた生活を続けたあげく病気になり、治療費でせっかくの貯金のほとんどがなくなってしまうケースをいくつも見ています。

収入もそれなりにあるけど、その収入から考えられる金額よりはるかに多い貯金を持っています。しかし、10年以上こつこつと貯めたお金が治療費でドンと持っていかれてしまったのです。

これも無理がたたったケースです。つまり、間違ったお金の貯め方かもしれません。このようにお金の貯め方を考えると同時に、お金の使い方にも正しい使い方と間違った使い方が考えられます。

正しい使い方のひとつは、自分が気持ちの良い使い方をすることでしょう。

ただ、その気持ちの良いのレベルにもいろいろあります。

本能的な快楽につながるもの、もう少しレベルの上の自分の向上につながる支出、さらには「利他」、ほかの人を利するための使い方がいちばんうれしいというレベルの人もいます。このレベルは、自分で少しずつ上げていくしかありません。

基本的には、そのように気持ちの良いお金の使い方ができているかどうかが大事になるのは間違いありません。気持ちの悪いお金の使い方をしないことが重要なのです。

また、お金を意識していない人というのは、お金が増えることには興味がないけれども、なくなることへの恐怖もありません。もしゼロになっても、また稼げばいいと考えている人です。

実は、このタイプの人がいちばんストレスがないのかもしれません。

お金に対してもストレスはないし、日常生活でも仕事が好きなので、仕事をすることでストレスが発生していません。

ある60代の経営者も、自社の工場の中のタコ部屋みたいなところで、せんべい布団を敷いて寝るほうが、家で寝るよりも落ち着くと言っています。立派な家でフカフカの布団で寝ることではなく、工場の畳の上で寝るほうが快感なのです。これはとても幸せな人生だと思います。

ゲーム会社でゲームを開発する部署の部長クラスの人がいます。ゲームが好きで開発して、それが大ヒット。年収も数百万から一気に1億円にアップ。もちろん会社は数十億、もしかしたら数百億円、儲けたのでしょう。

そして、その人には会社が欲しくもないポルシェを買ってくれました。よほど会社は儲かったのでしょう。ハワイに家族で招待されましたが本人は旅行にもあまり興味なさそうですし、車が好きですかと聞いてもわからない……という答えでした。

また、株式上場で数十億円以上の資産を持っているのに、いまだに朝6時から夜12時まで仕事に熱中している経営者もいます。

こんな幸せなお金持ちがいることも、ぜひ知っておいてください。

お金は追い求めるものではありません

お金を貯めるためには、2つの方法があります。ひとつは、お金に興味を持つことです。そしてもうひとつとは、仕事を好きになることとです。

お金にとても興味があり、投資が好きで、そのスキルも非常高い人はお金持ちになれる可能性は高いでしょう。その人は身体はあまり使っていないかもしれませんが、そのぶん頭と精神、神経を使っています。洞察力、情報収集力、判断力、精神力がかなり必要とされます。

そして、その人は投資が仕事なので、結局は仕事を楽しんでいるのです。

つまり、なによりも望ましいのは、仕事を好きになることかもしれません。お金のことは気にせず、いまの仕事を好きになり、楽しむことができれば、お金は自然とついてくる。幸せな人生とは、そこにあるのかもしれません。

これこそが、お金が足りないとか、お金にふりまわされるのではなく、お金の不安のない人生を送ることができる秘訣かもしれません。

もちろん、お金に関心があるのなら、頭と精神力を使って情報を集める人生、金融を本業とする人生もあります。

「こんな仕事をしててもお金は貯まらないし……」と、愚痴を言っているだけではなんの解決にもなりません。仕事に対する不満、会社に対する不満、自分に対する不満を言っていても、お金に好かれる人生にはなりません。本書を参考に、お金に対する考え方を身につけていただければありがたいことです。

「お金を追う」ということは、「お金がない」という現状を肯定しています。お金がない状態を自分の潜在意識にインプットしてしまうのです。追うという意識自体が、お金に好かれることの邪魔をしています。

実は、お金とは追い求めるものではありません。結果として、ついてくるものなのです。

あなたのことが好きで大切にしてくれる人がいたとしたら、その人のところに寄っていきたくなりませんか。お金も一緒です。お金のことが好きで大切にしてくれれ、そのうえ使い方も上手な人であれば、どんどんお金が集まってくると思いませんか。

お金に対する考え方を改めて、自分自身が変化することから「お金に好かれる人生」「お金に選ばれる人になる人生」は始まります。

あなたのタイプは
何でした？
銀行と郵便局に
預けていれば
間違いないわ！
わ〜
国が〜
貯金
価値
保守さん
アグレッシブさん
何!!
そんな
いい商品が！
よーし
買ってくれ！
ガ
ーン
だまさ
れた!!
現在
使われて
おりません
長所短所
ふまえて
自分にあった
運用をしましょう

終章

お金も人生も
マルごと幸せを目指して——

それは、ニューヨークの空手道場から始まった

私は極真《きょくしん》空手の大山倍達《ますたつ》にあこがれて、高校入学とともに極真空手の道場の門を叩きました。そして、高校3年のときに極真会の高校生大会で優勝し、卒業後は札幌の極真空手道場に就職しました。

そこに3年所属しましたが、もっと広い視野で世の中を見てみたいと考え、とりあえずニューヨークの短大に学生ビザで行きました。半分は空手留学みたいなもので、ニューヨークでも空手道場に通いました。

空手と勉強の二足のわらじ状態で、2年ちょっとニューヨークに滞在。そして空手大会に出場する目的で一時帰国したとき、友人の父親が経営する千葉県松戸市の不動産会社に就職し、そのまま日本に住むことになりました。24歳のときです。しかし、あまり忙しくない職場で、米国ボケしていた私は、自分は日本の社会で通用しなくなってしまうとの焦《あせ》りがつのり、通信会社に転職しました。

◎通信会社への転身

いま考えると、ニューヨークにいるときは金融記事をよく目にしました。飛行機に乗ると、タックスヘイブンなど税率の低い国の広告が、カタログやパンフレットなどによく掲載されていたのです。

うろ覚えの英語でしたが、頻繁に目にする「No Tax」などの言葉に疑問を持ちました。「なぜ、税金がなくなるんだろう」というわけです。

ニューヨークでの生活が自然と金融関係の知識を求める自分を育ててくれたのです。

そこで、通信会社に入って希望部署を尋ねられたとき、金融関係の部署を希望しました。

私が配属されたのは20人ほどのM&A（合併・買収）を担当する部門。当時はITバブルのピークで、ほかの携帯電話の会社を買収しまくっていました。とはいえ、1週間に2人ずつ人員が減らされるという過酷な部署でした。マネジャーは部長から突っつかれ、部長は役員から締めつけられるわけで、数字的な実績のみが評価される、きわめていびつな状態でした。

M&Aの部署の存続自体に不安を憶えた私は、社内で、IT企業に投資するベンチャーキャピタル部門の部長に直接相談に行き、そこの部署に自分で移ってしまいました。

その部署では23億円以上もの資金を投資する、まさにITバブルを体感する貴重な経験をさせてもらいましたが、結局、私はその会社に見切りをつけました。数字だけを追うことに心が乾いていたのかもしれません。

◎未知の生命保険の世界に足を踏み入れる

通信会社での殺伐《さつばつ》とした利益至上主義のような風潮に染まりすぎて、心が渇いていたところに、外資系生命保険会社との出会いがありました。

人に誘われて会社案内の説明会に出たところ、「なんか居心地がよさそうだなあ、人間味のあるいい会社だなあ」と、自分にフィットするものを感じたのです。

私はいわゆる「どぶ板営業」の経験が、それほどあるわけではありません。また保険の知識も皆無で、それがどんなに大変な世界か全然知りませんでした。なんとなく流れに乗って入社したというのが実情ですから、最初の頃はとても苦労しました。

たとえば、保険会社には「証券ファックス」というシステムがあります。これは、友人や知り合いが入っている保険の証券を、証券分析の勉強のためにファックスで送ってもらい、その分析結果を持って営業に行くという手法です。ファックスの枚数が多ければ多いほど、当然有利なスタートが切れます。

私の場合は、人間つき合いが希薄で、しかも独身の知り合いが多かったせいもあり、枚数がきわめて少なかったのです。

かなりきついスタートを切ったのですが、なんとかフットワークと空手で鍛えた体力でカバーすることができました。

当時、その生命保険会社では、3W（スリーダブル）と称して1週間に3件の新規契約をとらないと、営業マンとして認められませんでした。それをなんとか1年間クリアし続けました。だいたい3割の営業マンがこのノルマを達成しますので、中の上程度の実績をあげていました。

保険代理店として独立した理由

当時から私は、経営者の方と話すのが好きでしたから、対象を個人から法人マーケットの保険にシフトしました。

当時、法人向け保険のノウハウを教えてくれる先輩は誰もおらず、尋ねても『保険税務のすべて』という百科事典程の分厚さの本を読んで、自分で勉強しろと言われました。ほかに方法も知らないので、とにかく言われるまま、本を読んで勉強しました。

独学で試行錯誤を重ねるうちに、法人向けの保険がなんとか売れるようになってきました。

法人の保険の場合、節税対策で利益を圧縮したいときなど、1社の保険では限度額があるため、保険代理店の仲間と組んでほかの会社の保険とセットで提案することがあります。

そんなとき、ほかの保険会社担当者から、現在の会社に残って、いまのままやっていくのか、あるいは独立して代理店を経営するか、どちらかにしたほうがいいと言われたのです。

私は独立の道を選びました。２００３年のことでした。

◎無料の「マネーセミナー」を営業の基本にすえる

独立後は保険の代理店業が順調に展開しました。驚くほどの利益を出したときもありましたが、そんなことが長く続くとは私自身、考えられませんでした。

そこで、マグロの一本釣りのような一攫千金のような大型契約に頼るのではなく、小さな個人の契約を継続的に積み上げるような仕組みをつくりたいと考えました。

さまざまな情報を集めているとき、あるコンサルタント会社のアドバイスにより、セミナー営業を始めることにしたのです。

現在、3種類のセミナーを開催していますが、「マネーセミナー」がいちばん長く、累計で２００回を超え、総参加者数は３０００人を超えています。参加者の90％以上は女性で、20代後半から30代の方がほとんどです。

セミナー内容は、「貯金の仕方」だったり、「保険の見直し方」「安全な運用・商品の選び方」や「家計のリストラ」「住宅ローン・不動産の選び方」など多岐にわたり、マネー全般についてアドバイスします。

当初から無料で参加できるスタイルで開催しています。

セミナーでアンケートを取り、個別のカウンセリングを希望するか聞きますが、希望する人には無料で、1時間から1時間半くらいのカウンセリングをします。希望や不安、収入や家計との関係などを尋ね、情報を分析した結果をもとに、その人に最適と思われる組み合わせの運用法や保険商品などを紹介します。

少し前までは私自身が講師を担当し、カウンセリングもおこなっていましたが、最近は提携講師の制度をつくり、社外の講師の方にセミナーの講師とカウンセリングもお願いするようになりました。

◎どんどん保守的になっている日本の若者たち

さて、このセミナーですが、少し前までは、40代前後（アラフォー）の女性が多かったのです。積極的に金融商品や不動産に手を出す人が多く、彼女たちは生涯「おひとりさま」を覚悟、あるいは確信しているようにも見えました。

ところがここ2、3年、セミナーの参加者は20代が増えています。

その理由を聞いてみると、「いまから老後が心配なので」と言います。実に保守的なのです。

また、若い男性の中には貯金が趣味という人が増えているようです。私の持論は、〝男はお金を使う動物〟だったのですが、最近は変わってきているようです。

いまの日本は年金問題も含めて、税金が上がる、給料は上がらない、雇用も定かではないなど、若者はさまざまな不安を感じているのです。

先の見えない不安感に襲われているかと言って、アジアの国に飛び出してひと旗あげようなんて人は、そうそういません。

その結果、遊びにしても海外旅行をするのではなく、自宅にいてどれだけ楽しくできるかを考えるわけです。

できるだけお金は使わない。外食しないで自炊する……まさに時代です。時代が若者をそういう志向にしてしまったのです。

それと対照的なのがバブル世代の人です。この世代の人は、お金を使うことを当たり前のように思っているふしがあります。人間、一度身についたクセはなかなか抜けないのでしょう。

20代前半に身についたクセはなかなか抜けない

現在、世界経済の病状は末期的状況にあります。

痛みをやわらげるために量的緩和などといってお金を大量に刷り、モルヒネを打ち続けている状態です。ただし、日本の企業はヨーロッパの企業に比べればキャッシュリッチではありますが、それだけ諸外国の状況が悪いことの裏返しであります。日本はまだマシなほうなのですが、若者は日本の豊かさを実感できずにいます。

20代前半に身についたクセは、なかなか抜けません。お金に関する意識の刷込みは20代（とくに前半）にあると考えていいでしょう。その意味で、いまの若者のお金に関する傾向は、その人の老後まで今後ずっと続くと考えられます。

「三つ子の魂百まで」と言われますが、学生時代を経て20代前半に社会人になって3年くらいの間に身についたクセは、簡単には抜けないということです。

こうした若者の志向が蔓延《まんえん》すると、国の血液ともいえるお金がまわらなくなります。若者が結婚してそうした傾向をさらに強めると、ますます不景気が加速することになります。日本の将来を考えるうえで、これはかなりの不安材料だと私は考えています。

ですからどうか、お金のしくみを知って、知識をもって上手につき合っていってほしい——強くそう思うのです。

おわりに

誰もが夢や希望通りにお金を手にできるわけではありません。

正直に申し上げましょう。この本の読者に最後にお伝えしたいことは、「ほとんどの方が自分自身、納得のできるお金を手にできないし、できるはずもない」という事実です。

最後の最後に夢も希望もないことを言うなんて！　と思われたかもしれませんね。なぜだと思いますか？

「あなたが手にできる金額は、1億円がいいですか、10億円がいいですか、それとも100億円がいいでしょうか？」と問われたら、ほとんどの方が、100億円欲しいと思うはずです。

人間の欲にはキリがありません。ほとんどと言わずとも、多くの方のお金の欲望を叶えてあげられるとしたら、世の中にある全てのお金をかき集めても足りないことは、簡単に推測できます。つまり、世の中に流通しているお金を全て使っても、大部分の人の欲望を満たすことは到底かないっこないということなのです。

私の知っている経営者は、4000万円の詐欺に遭って、懐に861円しかなくなってしまった…ということがありました。その頃三度、自殺を考えたそうです。ところがその時、その経営者の奥様がこう言ったそうです。

「4000万円くらい何よ。あなたならまた稼げるわよ」

その言葉に元気づけられたその経営者は、見事再起を果たしました。

アメリカの大富豪、ロックフェラーは、自分自身がいくら資産を持っているのかが悩みなほどのお金持ちでしたが、決して資産の大きさに満足できず、まだまだお金が欲しかったそうです。大富豪でさえ満足できないのです。

さて、懐の861円に感謝しつつ挑戦する人生と、1億円の資産を2000万円に減らしてぼやいている人生のどちらが幸せなんでしょうか?

100億円の資産を持っていてもまだ欲望にかられている人生と、100万円の貯金に喜びをおぼえつつ努力している人生の、どちらが幸せでしょうか？

資産が大きいから偉いわけではありませんし、貧乏だからといって卑屈になる必要もありません。お金持ちは、ただ単純にお金持ちの人生を選択したに過ぎず、貧乏な人もその学びを選択したに過ぎないと思います。ということは、いかにお金持ちになるかということは問題ではなく、今おかれている経済的境遇にいかに感謝することができ、より向上するための挑戦する気持ちを持ち続けられるかがより大事で意義深いのでは、と思います。

自分自身の持っている経済力にまず納得し、そこから自分自身の進化を図りながら向上していくことに喜びを見出していければ、それが幸せだと言えるのではないかと思います。

お金には色があると思います。ひとつは仕方なく、もしくは焦ってストレスいっぱいで働きながらもらったお金。もうひとつは自分の役割を理解しながら、「快」

の状態で働いて入ってくるお金。この二つは色が違うと思うのです。

幸せになるためにお金を得たいのであれば、お金を得る過程も幸せでありたい。そうでなければ本末転倒になってしまう、と私は思っています。幸せに働いて手に入れたお金で、そして、それを一人で抱え込まず、社会に還元していきながら、人生を豊かにしていける人が一人でも多くなることを祈って……筆をおきたいと思います。ありがとうございました。

前田隆行

なるほど
お金持ちになれば
いいってわけでも
ないんだなぁ
たしかに
こっちの
おじいさんより
お金持ちの
一人ぼっちじいさん
ポツン
まだ
足らん!
もっと金を
作ってこい
おい!
誰も
おらんのか!
お金そこそこでも
愛されじいさん
ワイワイ
のみ
いこうや
こっちの
おじいさんの方が
幸せそうだなぁ

一万円は一万円でも経済や自分のあり方で、価値が変わるってことだね
ニッコリ
NIPPON GINKO
10000 YEN
さてさてみなさんこの本を読んでどう思いましたか？
どんな人生を選ぶも自分次第
あなたはどんな人生を選びますか？

青春文庫

幸《しあわ》せなお金持《かねも》ちだけが知《し》っている
お金《かね》に選《えら》ばれる人《ひと》になる方法《ほうほう》

2013年2月20日　第1刷

著　者　前《まえ》田《だ》隆《たか》行《ゆき》

発行者　小澤源太郎

責任編集　株式会社プライム涌光

発行所　株式会社青春出版社

〒162-0056　東京都新宿区若松町12-1
電話 03-3203-2850（編集部）
03-3207-1916（営業部）
振替番号　00190-7-98602

印刷／大日本印刷
製本／ナショナル製本

ISBN 978-4-413-09565-5